움직이는 벽

움직이는 벽

■ 첫 수필집을 내며

다람쥐 쳇바퀴 돌리는 것을 보면서 얼마나 답답할가를 동정했었다. 좁은 공간 안에, 있는 것이라곤 오직 쳇바퀴 하나. 신들린 듯 한참 쳇바퀴를 돌리다가 내려와 물 한 모금 마시고 도토리 하나 먹고 그리고 밤에는 잠자는 것이겠지. 다람쥐가 쳇바퀴를 돌리는 이유는 무엇일까.

돌이켜 보니 내 생활도 다람쥐 쳇바퀴 돌리는 것과 다를 바 없었다는 것을 퇴직 후에야 깨달았다. 가정과 직장과 교회가 하나로 된 쳇바퀴. 그 쳇바퀴를 돌리는 것은 답답하지도 지루하지도 않았다. 그저 신명나게 돌리느라 쳇바퀴 너머에 있는 것들을 감지하지도 못하였고 바라볼 줄도 몰랐다.

자녀들이 다 자라서 살림을 차려 나가고, 정년퇴직이라는 이름으로 직장의 테두리를 벗어나고 보니 쳇바퀴 돌림에 여유가 생겼나보다. 마음 깊숙한 곳에서부터 고개 내미는 또 하나의 바퀴.

유년시절에 동화책 한 권도 접하지 못했고, 문학서적들도 제대로 읽지 못하고 청년기와 장년기를 보냈다. 40여 년 가까이 직장생활만 했다.그럼에도 글 쓰는 사람이 되겠다는 꿈을 저버리지 못했다.

퇴직 후의 삶, 즐거운 마음으로 꿈을 이루어보자고 길을 찾았다. 쓰고 싶은 글감이 많았다. 쓸 수 있다는 자신감도 있었다. 그러나 정작 공부를 시작하고 보니 문학지식에 대한 기반이 턱없이 빈약했다. 재능이 있는 것 같지도 않았다. 그렇다 해도 포기할 수는 없었다. 늦었다고 생각할 때가 가장 빠른 기회라 했던가. 있는 그대로 간직하고 싶은 추억들이 고개를 내밀었다.

고개 내미는 대로 받아 안았다. 첫 수필집이기에 생긴 모습 그대로 내놓을 용기도 있는 것이다. 아직도 남아 있는 많은 추억들은 보다 준비된 모습으로 나올 수 있기를 바란다.

부족한 재능 탓하지 않고 수필문학의 길을 걸을 수 있도록 지도해 주시는 유병근 선생님께 심심한 감사를 드립니다. 수필다운 맛을 제대로 내지 못할 때도 격려해주고 지지해주는 문우들이 있어 행복합니다. 이런저런 여건 나무라지 않고 묵묵히 지원해주는 가족들이 있어 든든합니다. 저의 수필집이 나올 수 있도록 도와주신 수필과비평사 서정환 사장님과 관계자 여러분들께도 진심으로 감사드립니다.

2012. 11.

김정읍(본명: 김영자)

‖ 목차 ‖

제1부 염천 아래서

제2부 봄나들이

제3부 덕유산 반딧불이

제4부 밥상을 차리며

제5부 방파제, 너울을 품다

제1부
염천 아래서

염천炎天 아래서

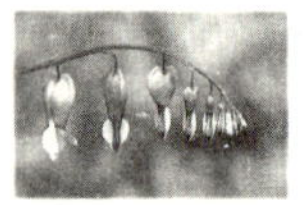

장마와 태풍에 밀렸던 여름이 늦더위라는 이름으로 기세를 부린다. 연일 30도를 넘는 날씨에 사람들의 생활에는 희비가 엇갈린 타산이 눈치 빠르게 대치되고 있다. 대지 위의 초록빛 생명은 늦더위의 뜨거운 햇살을 반기며 토실토실한 열매로 영글어 간다. 떠나야 할 순간까지 안간힘 다 쏟아내고 있는 늦더위의 열정에 연민의 정을 느끼며 나는 그곳을 찾아갔다.

산과 들이 온통 질 좋은 초록빛 융단을 깔아놓은 거실 분위기와 같다. 굽이굽이 돌아가는 길 가로수 사이로 섬진강 물결도 초록빛 수려한 자태를 이루고 있다. 초록 물결과 어우러진 하얀 모래밭의 매력에 이끌리어 평사리 공원으로 들어섰다. 하동포구 팔십 리의 테마로 소박하게 조성된 공원을 둘러보는 마음속에 한 가닥 아쉬움이 서린다. 이 생동감 넘치는 풍광을 좀 더 폭넓은 이미지로 가꾼다면 독일의 보덴제이 섬보다 더 아름다운 관광지로 손색이 없을 것이라는 생각 때문에.

모든 빛을 합하면 하얀 색깔이 된다고 하였던가. 바위처럼 당당했던 모습이 쪼개어지고 부서지기를 거듭하여 이렇게 자잘한 모래알이 되었나. 이 작고 고운 부드러움의 화합이 뭇 생명체들을 품어 주는 순수한 요람의 모습이다. 염천炎天아래 하얗게 빛나고 있는 모래밭이 모시 치마저고리를 곱게 차려입은 어머니의 모습으로 다가온다. 집안일과 가족과 자녀를 위하여 그렇게 부서지는 낮은 모습으로 인고忍苦하셨던 어머니의 모습도 곱디고운 하얀 모래밭이었다. 가슴 안에 쌓인 한을 함부로 품어 낼 수 없었던 그 시대의 어머니들은 어금니를 깨물며 참아내야만 했던 응어리를 맷돌에 갈아서 저렇듯 작고 하얀 모래알로 승화시켰을 것이다.

어머니 품에 푹 안기고 싶은 간절함으로 모래찜질이 하고 싶어져서 구덩이를 파고 안으로 들어가 비스듬히 누워 보았다. 따끈하게 달구어진 모래알 하나하나가 살갗에 와 닿는 감촉이 시원하다. 피로하고 긴장되었던 몸의 모든 세포가 사르르 풀리는 듯 느긋해지는 편안함이다. 선글라스 너머로 보이는 앞산의 녹음이 안방에 드리운 초록빛 커튼인 양 아늑함으로 비친다. 스르르 단잠으로 들어가려는 마음속에 어머니의 따스한 손길이 그리워지며 눈가에 이슬이 맺힌다.

어릴 적에 나는 걸핏하면 배탈이 나서 온 방 안을 뒹굴며 배 아프다고 울었다. 소화제 구하기도 쉽지 않았던 그 시절에 치료방법은 오직 어머니의 사랑이 담긴 마음과 손길뿐이었다. 어머니는 이리저리 뒹구는 나를 따라다니며 손가락을 입에 넣어 토해내라 하며 등을 두들겨 주셨다. 따뜻한 물수건을 준비하여 눈물 콧물로 범벅된 얼굴을 닦아 주고 손가락 마사지를 해 주셨다. 그리고 울다 지친 나를 무릎에 눕히고 '어미 손은 약손, 에비야 물러가라.'를 말인 듯 창가인 듯 부르며 배를 쓸어주셨다. 한결같은 음률로 반복되는 그 소리를 들으며 나도 모르는 사이에 통증이 사라지고 잠이 들었었던지 일어나 보면 아침이었다.

이제 그만 일어나라며 그이는 모래를 걷어내 준다. 줄줄 흐르는 땀방울에 오히려 가뿐해진 기분은 송골송골한 모래알이 몸에 묻은 그대로 강 쪽으로 향한다. 물가에서 긴 목을 두리번거리며 먹이를 찾고 있는 백로의 여유 있는 걸음이 점잖은 선비의 모습이다. 저만치 허리춤의 물속에서 미역 감는 아이들의 웃음소리가 까르르 까르르 사랑스러움으로 들려온다. 서너 개로 엮어진 거랭이로 재첩을 긁어 올리던 배들은 저 멀리 초록빛 깊은 수면에 한가한 모습으로 떠 있다.

멀리서는 진한 초록빛의 강인함으로 보여진 물결이었는데 이렇게 투명하고 맑은 빛이라니. 황홀한 기분으로 손과 발을 물속에 담가 본다. 아기 목욕시키기에 알맞을 정도의 수온이 부드러운 손짓으로 감싸준다. 그 부드러운 감촉을 즐기며 한 걸음씩 더 들어가 본다. 물속에도 하얀 모래들이, 이름 모를 수초들이, 쪼르르 몰려다니는 치어들까지 환히 들여다보인다. 행여 모랫바닥에 숨어있는 재첩들도 만나질까 싶어서 발바닥에 힘을 주어 모랫바닥을 비벼 본다.

얕음이나 깊은 곳 그리고 드러내짐의 수치를 무릅쓰고 하얗게 깔린 모래들은 여성적 본능의 모성애 모습이다. 그 모습이 사랑스러워 잔잔한 듯 강한 물결로 끊임없이 흐르며 모래들을 보듬는 섬진강물은 젊은 청년의 기강으로 느껴진다. 환경의 변화에 술렁이지 않고 언제나 제자리 지키며 많은 생명을 키워내는 섬진강의 결 좋은 모래밭과 푸른 물줄기는 자연적인 암수의 사랑스러운 모습이다. '생육하고 번식하라.'고 축복하신 조물주의 아름다운 선물이다. 이런 모습은 섬진강의 하동포구에서만 느낄 수 있는 풍광인 것 같다. 계절마다 자기의 특색을 띠고 풍성함으로 펼쳐지는 하동포구의 생활상이 언제나 흐뭇한 웃음을 짓게 한다.

늦더위 염천 아래 강바람이 시원하다. 이미 드높아진 푸른 하늘은 하얀 솜털 구름으로 다양한 그림을 그리게 하며 다가올 가을을 노래하고 있다. 가을이 무르익어 갈 때 다시 찾아오리라. 언제나 생동하는 숨결이 느껴지는 이 하동포구를.

2007. 8. 17.

2007년 10월. 토지문학제 하동문학상 수상

2월의 소리

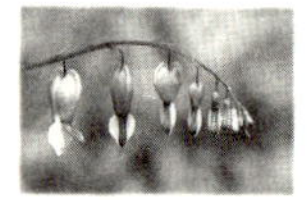

우리 고향은 유난히 눈이 많이 내리는 고장이다. 마을 앞뒤로 논과 밭 그리고 구릉진 산을 끼고 있는 초가지붕의 겨울 풍경은 운치 있는 한 폭의 그림을 보는 듯 아름다웠다.

함박눈이 탐스럽게 내리는 정월이면 집 뒤란에 있는 대나무 숲은 겨울바람에 추임새를 넣듯 사르륵거리며 흔들거렸다. 동네 아이들은 함성을 지르며 뒷동산으로 달려갔다. 눈발을 맞으며 꿋꿋하게 서 있는 소나무들. 매서운 겨울바람에도 묵묵히 푸른 가지를 뻗고 있음이 참 위풍다웠다. 소복하게 내려앉은 눈송이를 소록소록 다독거리고 있는 정경은 푸근한 어머니의 품에 안기는 느낌이었다. 비탈진 산자락에 덮힌 눈길을 따라 눈썰매를 타고 눈싸움도 즐겼다. 꽁꽁 얼어붙은 저수지 논에서 얼음지치기하고 팽이도 돌렸다. 초가집 처마 끝에 주렁주렁 매달린 고드름을 따 먹으며 고드름 치기도 하였다. 땅 위에 살아 있던 생명체들이 어떻게 긴 겨울을 견디어내고 있는지 그런 일에는 전혀 관심이 없었다. 그저 신이 나는 놀이에 푹 빠져 지내느라 겨울날의 하루는 짧기만 했다.

2월이 저물어 갈 즈음이면 새로운 소리를 찾아다니는 놀이를 하였다. 터줏대감처럼 눌러 있으려는 겨울을 비집고 들어오는 봄의 소리를. 언 땅속에서 움트는 새싹들의 태동 소리, 꽁꽁 얼어붙은 냇물을 녹이기 시작하며 꿈틀거리는 생명의 물소리, 까칠까칠하게 터진 나무껍질을 뚫고 봉긋하게 움을 맺으려는 나뭇가지들의 안간힘 쓰는 소리. 소리 없이 들려오는 2월의 소리는 엄청난 신음임을 손끝으로 느낀다.

모든 태동이 시작되는 그 작은 속삭임의 소리는 초가집 처마 끝에서, 담장 아래 흙속에서, 모시밭 언덕에서, 그리고 미나리꽝을 지나는 도랑에서도 들을 수 있었다. 2월이 들려주는 그 소리를 찾아 우리는 얼음장 밑을 기웃거리고 언 땅이 갈라지는 흙덩이를 밟으며 어느새 푸릇한 생명으로 고개 내미는 냉이와 쑥을 찾아 나섰다.

내가 2월의 소리를 좋아하는 또 다른 이유는 나를 이 세상에 태어나게 해 준 어머니의 소리가 담겨 있기 때문이다. 노산老産으로 하루보다 더 긴 해산의 고통을 참아내는 어머니의 산고産苦는 얼음장을 깨는 아픔보다 더 차갑고 날카로웠을 것이다. 꽁꽁 얼어붙은 땅을 뚫고 올라오는 새싹의 고통보다 더 힘겨웠을 것이다. 그러나 그 자지러지는 아픔마저 모성애로 삼켜버리고 조용하게 견디어내는 어머니의 모습에 아버지는 큰 감동을 하였다고 하셨다.

너무 큰 소리의 파장은 우리 귀에 들리지 않는다고 배웠던가. 분만진통, 참으로 견디기 어려운 아픔이었다. 2~3분 간격으로 진통이 올 때마다 예리한 칼날로 아랫배가 찢기는 것 같은 통증에 숨소리마저 크게 낼 수도 없었다. 그 아픔의 파장이 너무 커서 감히 소리를 지르지 못하고 그저 헉헉거리는 신음으로 진통을 견디어내며 아들과 딸을 품에 안을 수 있었다. 아이들을 품에 안은 그 기쁨과 감격은 진통의 모든 고통을 깡그리 잊어버리고 이제 엄마가 되었다는 희열로 가슴속에 흐뭇하게 번져오던 행복의 소리였다.

설 명절이 있던 그해 2월, 입덧으로 힘들어하는 며느리를 데리고 산과 진찰실을 찾아갔다. 진찰대 위에 누운 며느리의 배는 아직 볼록한 모습도 없었다. 조심스럽게 초음파기가 태아의 요람을 찾아간다. 음영으로 작은 낭을 이룬 물(양수) 속에 동그스름한 태아의 머리 모양이, 팔딱팔딱 뛰는 심장박동이, 쫑긋쫑긋한 움직임이 포착되는 순간 내 온몸에 짜르르 전율이 일었다. 울컥 눈시울이 뜨거워졌다. 더는 아무 생각도 떠오르지 않았다. 아무 말도 나오지 않았다. 그저 멍한 상태로 한동안 그렇게 서 있었다. 전혀 예상치 못했던 일이다. 하루에도 수십 명의 임부가 초음파로 태아의 건강상태를 확인하는 것을 보아 왔었다. 꼬물거리는 태아의 몸짓이 그저 사랑스럽고 귀엽다고 벙글거리기만 했었다. 그런데 지금 저 영상은 왜 이렇게 내 마음을 얼어붙게 하는가. '피는 물보다 진하다'는 말의 의미를 이제야 알 것 같다. 2월의 태동 소리는 그렇게 내 마음을 묶어놓았다.

2월은, 우리 귀에 미처 들리지 않는 소리로 핏줄을 이어가고 역사를 엮어가는 생명의 소리이다. 그 생명의 소리를 듣고 싶은 설렘의 달이다. 꽃샘바람을 맞으며 속으로 물오르는 나무들의 소리를 듣고 싶은 달이다.

2008. 2. 29.

바퀴를 보며

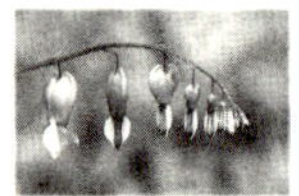

비탈길을 내려오는데 차에서 삐거덕거리는 신음이 들려서 정비소에 갔다. 정비사가 기중기로 차를 올려놓고 익숙한 솜씨로 타이어를 빼낸 후 바퀴를 점검하는 것을 지켜보았다. 굴대를 중심으로 일정한 간격을 이루며 바퀴살이 굴대통으로 연결되어 있다. 바퀴의 동긋함이 지구를 닮았다는 생각이 들었다.

문득 88올림픽의 개막식 때 굴렁쇠를 굴리던 어린이의 모습이 떠올랐다. 자기 체구보다 더 커다란 굴렁쇠를 제 키보다 더 긴 굴렁대로 잘도 굴려가던 모습을 보며 가슴 뭉클한 희열을 느꼈었다. 아직 아무것도 채워지지 않은 굴렁쇠. 그 안에 채워질 무한한 가능성을 품고 달려가는 것 같았다. 어린이의 예지에 찬 표정과 당찬 발걸음에서 지구촌에 펼쳐질 새로운 비전과 희망이 엿보였다.

굴렁쇠는 그 안에 채워질 굴대통과 바퀴살의 모양 및 재질에 따라

바퀴의 역할이 결정된다. 느긋하게 구르는 달구지가 되어 완만하게 굽이진 시골길을 오갈 것이다. 날렵한 맵시의 자전거가 되어 시원하게 가로수 길을 달려가기도 하겠지. 속도감을 즐기는 자동차가 되어 포도 위를 씽씽 달리기도 할 것이다.

천수답이 많던 고향에 농번기가 되면 논에 물 대는 일이 큰 걱정거리였다. 아버지는 논 옆으로 흐르는 조그마한 수로에 물방아를 세웠다. 하얀 무명바지를 정강이까지 걷어올리고 물방아 꼭대기에 올라서서 조심스럽게 발판을 밟으신다. 한쪽 발에 힘을 가하여 누르고 반대 발로 옮기는 동작을 반복하는 모습을 보며 나는 아슬아슬한 긴장감으로 손에 땀을 쥔다. 물방아의 커다란 바퀴가 서서히 움직이면 바퀴살들은 빙글빙글 제자리 달리기를 시작한다. 점차 속도가 빨라지며 물레는 수로의 물길을 끌어 올린다. 메말랐던 논에 물이 콸콸하게 들어간다. 갈증이 난 목을 축이는 어린 벼들이 꼿꼿한 초록빛으로 고개를 든다.

아버지의 발길에는 저절로 힘이 솟는다. 점점 빨라지는 속도감 속에 바퀴살의 모습은 파묻혀 버리고 아버지의 발길은 하늘을 향하여 달려가는 곡예사의 묘기와 같다. 아버지의 온몸에서 흐르는 땀방울은 물방아가 품어내는 물살과 함께 논으로 쏟아진다. 따사한 봄 햇살은 아버지의 하얀 무명바지 가랑이 사이에서 두리둥실하게 논배미들을 비춰준다. 물방아를 계속 돌리는 아버지의 발길과 줄줄이 흘러내리는 땀방울은 여린 벼들을 튼실하게 살찌우는 자양분이 되어 알알이 잘 익은 풍작으로 황금빛 가을 들녘을 펼쳐내었다.

새 생명이 시작되는 수정란도 동글한 모양이다. 길쭉한 정자가 꼬리를 흔들며 동그란 난자에 들어가서 동글동글하게 세포분열을 이루어 나간다. 각 세포는 모양과 크기를 달리하며 계속 배가倍加 분열된다. 많은 수로 분열된 세포들은 각자의 고유한 기능을 갖추면서 제자리를 찾아 굴러간다. 서로에게 방해되지 않도록 배려하며 동글한 태막의 상태를 유지한다. 태막 안에 채워진 양수는 태아의 자세 또한 동글하게 취하게 한다. 태어남의 원리도 살아가는 이치도 동글하게 굴러가는 것이 순리라는 것을 태아기에 자동으로 배우게 된다.

동글한 모양은 어떤 장애물이 있어도 별 무리 없이 잘 굴러간다. 아무리 모난 것이라도 동글한 몸짓으로 스르르 지나간다. 어떤 볼록한 것도 온몸으로 뒹굴어 넘는가 하면 움푹한 웅덩이도 낮은 모습으로 내려앉으며 잘 헤쳐나간다.

물체의 여러 가지 모양 중에서 동글한 모양을 만들 때는 더 많은 기교가 요구되고 시간도 걸린다. 기본 재료도 많아야 하고 필요 없는 부분은 가차없이 깎아 내어야 한다. 애써 동글하게 만들어 가다가도 아차 하면 실패하게 된다.

사람의 성품도 여러 형태의 특성으로 태어난다. 사람이 자기 성품의 모난 부분을 스스로 깎아내며 동글한 마음으로 만든다는 것은 물체를 만드는 것과는 비교할 수 없이 어려운 일이리라. 그래도 내면의 울퉁불퉁한 갈등을 갈고 닦으면 둥실한 사랑으로 변화될 수도 있다. 미완성의 작품을 완성의 미로 가꾸려는 지성이 있어 우리의 미래는 또 새로운 희망의 꿈을 기대할 수 있는 것이다.

내 마음은 어떤 모양의 동그라미를 그리고 있을까. 쭈그러진 부분은 얼마나 많으며 아직도 모서리 진 부분은 어떻게 손질을 해야 할 것인가. 착잡한 마음으로 정비되어가는 바퀴를 보고 있노라니

'나의 사랑 안에 거하라'는 말씀이 커다란 동그라미를 그리며 다가온다.

2009. 2. 3.

보릿고개

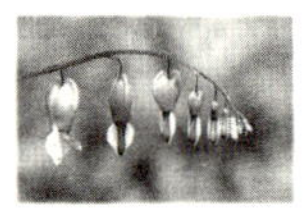

보릿고개가 넘어갈 때마다 배고픔의 허기를 겪어야 했던 어린 시절의 서러운 추억 속에 진한 그리움으로 남아 있는 말들이 있다. 막연하지만 희망의 꿈을 꾸게 하던 말들. 어머니, 쑥, 풀씨 등…….

꼭두새벽에 무언가 비밀스러운 부산함이 쉬쉬하면서 부엌에서 술렁이고 있었다. 알 수 없는 어떤 서글픔을 느끼면서도 나는 잠든 척 누워 있었다. 얼마 후 사립문이 삐거덕 소리를 내었고 집안은 다시 조용해졌다. 아침 밥상에 어머니의 모습이 보이지 않았으나 아무도 말하지 않았다.

어머니가 없는 집안에서 나는 온종일 풀죽은 마음으로 궁금증만 커졌다. 늦은 봄 긴 하루가 다 지나 땅거미가 짙어져도 어머니의 모습은 보이지 않았다. 허전한 저녁밥 상을 물리고 울적한 기다림이 이름 할 수 없는 불안으로 이어지다 잠이 들었다. 다시 술렁이는 소리에 잠이 깨었다. 천장에 매달린 호야 불빛이 졸린 듯 출렁이는 마루 위에 몹시 지친 어머니는 밥상 앞에서 국물만 넘기고 계셨다. 올케언니는 산더미처럼 쌓인 쑥들을 헤쳐 널고 있었다.

동네 가까이에서는 우리가 나물을 뜯으러 쏘다녔고, 어머니들은 공비들이 있다는 먼 산골까지 나가신 것이었다. 공비들이 있는 곳까지 드나든다는 것은 매우 위험한 일이었다. 공비들을 만나면 목숨을 잃을 수도 있고 또 사상범으로 몰릴 수도 있기 때문이었다. 그 위험 지역에는 쑥들이 지천으로 깔려있었단다.

히로시마 원폭의 땅에도 제일 먼저 생명체로 돋아났다는 쑥, 그 질기고 왕성한 생명력의 풍성함으로 가족들의 허기진 배를 채워보려는 욕심에, 어머니는 해 가는 줄도 모르고 정신없이 쑥을 뜯어 한 자루씩 가득 채우셨다. 그리고 그 무거운 짐을 머리에 이고 50리도 더 되는 먼 길을 힘들게 걸어오신 것이다. 철없는 나는 부스스한 모습으로 일어나 어머니의 무릎에 얼굴을 파묻었다. 말없이 내 머릿결을 쓰다듬어 주시는 어머니의 손길에서 온종일 서러웠던 마음이 포근함을 느꼈다.

늦가을이 되면 부모님은 보릿고개 넘길 준비를 단단히 하셨다. 마당 한쪽에는 벼 저장고를 서너 개 올렸고, 텃밭의 땅굴 움막 속에는 무들을 가득 저장해 놓았고, 처마 밑에는 무청 꾸러미를 줄줄이 매달아 놓으셨다. 크고 작은 장독 안에는 말린 고구마 순, 무말랭이, 토란 줄기, 피마자 잎, 호박고지 등으로 채워졌었다. 어디 그뿐인가.

큰 방 윗목에는 수수깡 울타리를 만들어 고구마들을 가득 쌓아 놓으셨다.

긴 겨울을 지내는 동안, 마실 나오신 동네 어른들의 이야기는 점심시간이 되어도 계속된다. 행여나 하면서 올케언니가 준비한 점심은 시래기밥도 되고 삶은 고구마뿐일 때도 있지만 모두 맛있게 드셨다.

그렇게 되풀이되는 보릿고개를 벗어나려는 해결책이었을까. 쥐잡기운동이 일었었다. 곡물을 갉아 먹는 쥐를 박멸하기 위하여 쥐약이며 쥐덫들이 등장했고 쥐 잡은 결과를 확인하는 방법으로 쥐꼬리를 학교에 가져가야 하는 소름 끼치는 숙제 때문에 어린 가슴은 둥둥거렸었다. 더 많은 수확을 위하여 퇴비증산운동도 일어났었다. 일손이 모자라던 그 시절이라 10세 정도의 우리까지 일정량의 풀을 뜯어 학교에 가져갔다. 뱀이 무서우면서도 논, 밭두렁을 주춤거리며 어설픈 손놀림으로 풀을 베다가 손가락을 잘릴 뻔한 상처로 엉엉 울었던 적이 한두 번이 아니었다. 토끼사육 운동도 있었다. 여름방학이 되면 2명씩 토끼사육 당번이 되어 학교에 나왔다. 토끼들이 좋아하는 풀들을 한 바구니씩 뜯어서 한 주먹씩 넣어주면 야금야금 먹는 모습이 귀여워 하루가 지루한 줄 몰랐고 다음 날 아침까지 먹일 수 있는 풀을 준비해 놓고 집으로 돌아왔었다.

학교 옆에는 띠잔디와 삘기풀이 어우러진 나지막한 산등성이가 있었다. 띠잔디풀과 풀씨는 별로 볼품이 없다. 짤막한 키와 까칠한 매무새, 그 중앙에 가는 몸통으로 돋아난 줄기 끝에 달린 좁쌀보다 더 작은 풀씨들. 봄이 되면 언 땅을 터뜨리며 파릇하게 솟아오르는 띠잔디들의 용기에 놀란 표정들을 짓곤 했었다. 산등성이가 온통 초록빛 두꺼운 양탄자처럼 폭신해지면 우리는 고동이 밴 삘기를 찾아 마구 짓밟고 다녔다. 한 주머니씩 뽑아든 삘기를 들고 잔디 위에 옹기종기 모여앉아 그 토실토실하고 하얀 속살을 달콤하게 먹었었다. 겨울이면 산등성이 등하굣길은 미끄러운 빙판과 질펀한 황토길이 되어 불편하였다. 그러나 죽은 듯이 누렇게 마른 잔디풀들을 찾아 밟으며 다니던 길. 때로 어른들은 새로 집을 짓거나 둑을 만들 때 이 띠잔디를 네모 반듯하게 흙까지 떼어서 지게에 지고 가는 모습이 보였다. 그 뿌리의 강인함으로 토사를 막아주는 역할을 하는 것이라고 했다.

어느 여름날 선생님은 우리 반 모두를 그 산등성이로 데리고 가서 까맣게 잘 익은 띠잔디풀씨를 훑어서 신발주머니에 채우라고 하셨다. 그 풀씨들을 모아서 외국에 수출한다고 하셨다. 수출이라? 생소한 단어였지만 선생님의 설명에 보릿고개의 가난을 면하는 새로운 길이 열리는 듯하였다. 초여름 햇볕이 따가웠을 테지만 우리는 쉬 채워지지 않는 풀씨를 연신 훑어서 신발주머니에 담고 담았었다. 풀씨뿐만 아니라 대까지 뽑아서 옆 친구에게 장난도 치고, 입으로 뽑자는 내기로 앞니 빠진 친구를 놀리기도 하면서 한나절이 넘도록 그 작은 풀씨를 뽑아내느라 어린 손가락에는 파란 풀물이 들었었다. 대수롭지 않게 여겼던 풀씨. 그 풀씨의 수출이 나라 살림에 도움이 된다면 또 다른 자원의 수출품들도 있으리라.

그날, 보릿고개를 이길 수 있는 새로운 길이 열리리라는 희망을 품었다. 무거운 쑥 자루를 이고 오신 어머니의 노고를 마음 아파하면서.

2007. 1. 31.

비단주머니꽃

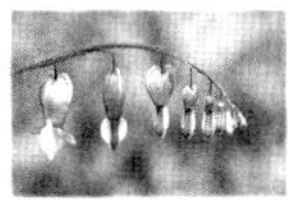

앞마당의 흙들이 보슬보슬해지기 시작한다. 흙속에서 재잘거리는 소리가 들린다. 상글상글 봄 햇살에 간지러워하는 웃음소리인가, 소곤소곤 봄나들이 준비를 하는 옷자락 스치는 소리인가. 나의 눈길은 자꾸 담장 밑을 살핀다. 꽃샘추위도 겁내지 않고 어느 순간에 살며시 보랏빛 고개를 내미는 금낭화. 아, 너의 태동 소리였구나. 함박웃음으로 반기는 마음속에 아버지에 대한 추억과 그리움이 떠오른다.

고향 집 장독대 뒤에 소담하게 피어나던 금낭화. 여리고 여린 초록색 줄기에 풍성한 잎들을 무성하게 뻗쳐나간다. 아치형의 초록대에 초롱초롱 매달린 심장 모양의 꽃들. 진분홍색에 하얀 초롱이 매달린 것 같은 모습이다. 먼저 피어나는 순서대로 꽃 크기가 달라 할아버지로부터 갓 태어난 손자까지의 대가족이 어우러진 다복多福

한 일가一家가 연상된다. 아버지는 그 꽃을 '비단 복주머니꽃'이라고 알려주셨다. 아버지가 관심을 쏟는 '비단 복주머니꽃'이 탐스럽게 피어 있는 장독대를 드나드는 우리 집 여인들은 춘궁기春窮期의 빈약한 밥상이나마 방긋한 미소로 준비할 수 있었다.

늘 하얀 바지, 저고리 차림으로 긴 수염을 쓰다듬으며 책장을 넘기시던 아버지. 정월正月에는 한지韓紙에 '입춘대길立春大吉, 건양다경建陽多慶' 등의 붓글씨를 많이 써서 필요한 사람들에게 나누어 주시곤 했었다. 동네 사람들은 아이가 태어나면 작명을 부탁하였고 복잡한 일이 있으면 상담자로 찾아오곤 하였다. 우리 집은 늘 손님들이 많았었고 형님들은 손님 대접하기에 분주하였지만 나는 그런 아버지가 자랑스러웠다.

저녁상을 물리고 나면 긴 담뱃대를 들고 '태산이~ 높다 하되~ '를 길게 뽑으며 창唱을 즐기시면서도, 우리는 유행가를 못 부르게 하셨다. 시오리 길 읍내에 5일장이 열리는 날이면 하얀 두루마기에 갓까지 쓰고도 명태 두어 마리를 사서 달랑달랑 들고 오시던 모습도 생생하다. 먹을거리가 충분치 못하던 그 시절, 할머니와 아버지 그리고 오빠들의 밥그릇은 쌀이 많은 밥이고 우리들의 것은 푸르거나 노랗거나 하였었다. 어린 나의 눈길은 자꾸 하얀 밥그릇을 힐끔거렸고 그런 내 속셈을 아시는 듯 아버지는 항상 밥그릇을 다 비우지 않고 조금씩 남겨주셨다.

어느 여름날, 마당 가에 가마솥이 걸려 있었고 뽀얀 국물에 닭고기 같은 것이 들어있는 대접을 주며 먹으라신다. 좀 이상하다는 생각을 하면서도 맛있게 먹었다. 저녁때에 오빠의 놀림으로 그것이 개구리였다는 것을 알 수 있었다. 허약한 막내딸을 위하여 아버지가 손수 만드신 개구리 보양식. 어머니는 차마 개구리 요리를 할 수가 없으셨단다. 그 이후로 또다시 먹지는 않았지만 아버지의 속 깊은 사랑은 내 마음 깊숙이 살아 있다.

밤새 소리 없이 내린 함박눈이 수북하게 쌓인 마당의 눈을 쓸면서 "아버지 이게 모두 쌀이라면 얼마나 좋겠어요?" 하고 물으면, "아서라. 이렇게 많은 쌀을 하루에 다 치우라시면 어떻게 감당하겠니?" 하시던 아버지. 헛된 욕심을 품지 말라시면서도 자녀의 진학을 위하여서는 빚을 얻으면서까지 강행하셨다. 아들들의 학업 때문에 중학교를 바로 보낼 수 없는 막내딸에게 자연학습의 장을 보여 주시려 애 쓰시던 아버지. 햇볕 따스한 들녘에 하얀 두루마기 자락의 아버지 곁에서 검정치마 분홍 저고리의 소녀는 단발머리를 찰랑거리며 즐겁게 따라다녔다. 칠보 수력발전의 현장에도, 녹두장군의 유적지에도, 고궁의 역사적 의미도 배우면서.

무언가 어머니의 불평이 있는 듯도 느껴졌지만 부부싸움 하는 것을 본 일이 없다. 우리에겐 야단 한 번도 안 치신 것 같다. 아버지 생전에 막내딸을 결혼시키려고 애쓰셨는데 결혼할 생각은 안 하고 밤 근무를 계속하면서 공부한다고 초췌해진 딸의 모습을 보고는 크게 화를 내던 아버지셨다.

일주일의 휴가를 함께하고 일터로 돌아와 달포쯤 되었을 때 받아든 전보. "부친 사망, 속히 귀가"라 적힌 전문電文에 말문이 막히고.

"막내딸 결혼시키지 못하여 저 어른 눈 못 감으시겠네."하는 소리를 들으며 한없이 울어야만 했던 딸의 슬픔을 어떻게 떨치고 가셨을까.

어느 해 봄날 남편이 메고 간 텐트를 천성산 계곡에 세워놓고 아이들과 함께 물장난을 치며 즐기고 있는데 개울 건너편 잡초들 사이에서 화사한 손짓이 나의 눈길을 끌어들인다. 아 금낭화! 고향 집 장독대에 있던 모습과 똑같은 초록 치마 진분홍 저고리의 복주머니 꽃. 순간 그 꽃들의 미소 속에 아버지의 인자한 웃음이 서려 있는 듯 아득한 그리움으로 목이 메여왔다.

"여보, 나, 이 꽃 캐다가 우리 집 마당에 심을래요."

산이나 들에 갔다가 꽃나무를 캐 오는 사람들을 무분별한 사람이라고 힐책하던 내가 불법不法을 저지르고 말았다. 이 계곡에는 보아주는 이도 별로 없으니 우리 집 마당에 심어놓고 해마다 아버지에 대한 추억으로 사랑의 대화를 나누겠노라는 그럴싸한 핑계를 대는 딸을 아버지는 용납하실까.

해마다 앞마당에 금낭화가 복스럽게 피어나면 나는 다시 열두 살 소녀가 된다. 긴 수염을 쓰다듬으며 만족하게 웃으시는 아버지의 모습이 보인다. 과묵한 듯 잔잔하게 들려주시던 아버지의 말씀을 기억하며 미래에 대한 새로운 꿈을 펼친다. 마음 깊숙이 도사리고 있던 그리움의 응어리가 사르르 녹아나며 눈가에 이슬이 맺힌다. 아버지!

2007. 4. 25.

조각이불

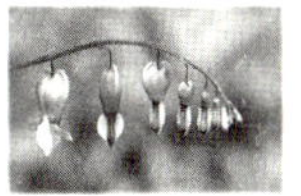

어느새 바람이 서늘해졌다. 여름 냄새가 밴 이부자리들을 빨아두려고 들추다 보니 조각이불이 손에 들어온다. 늘 따뜻한 마음으로 나를 챙겨주시는 큰형님과 조카딸의 애정이 담긴 조각이불이다.

우리가 결혼할 당시엔 혼수감을 직접 만들었다. 방석 덮개, 베개잇, 앞치마, 이불 깃, 조각보, 횃대보 등. 그리고 좀 더 솜씨를 부리면 병풍, 조각이불까지. 그러나 학교를 졸업함과 동시에 전문직 생활을 하게 된 나는 수예품을 준비할 겨를이 없었다. 그러다 결혼하게 된 나는 어머니를 대신하여 큰형님께서 혼수품을 챙겨 주셨다. 넉넉지 않은 형편이었지만 혼수감 하나하나에 큰형님의 깊은 애정이 깃들어 있음에 난 그저 고맙기만 했다. 그중에 가장 정겨운 것이 조카딸들이 직접 수놓아 만든 병풍과 조각이불이었다. 애써 만든 작품을 고모의 혼수품으로 내놓기가 어찌 쉬웠겠는가. 그러나 하나뿐인 고모인데 하며 채근하는 엄마의 청을 거절하지 못한 착하디착한 조카들 덕분에 내 혼수품은 화색을 낼 수 있었다.

검은 모본단 바탕에 소나무, 매화, 목련, 목단, 국화, 대나무 등이 곱게 수놓아진 여섯 폭 병풍은 삼십여 년간 우리 집의 크고 작은 잔치 자리마다 품격을 빛내 주는 보물이었다. 몇 해 전 조카들을 만나서 옛이야기를 나누며 즐겁게 지내던 자리에서 둘째 조카가 조심스럽게 말을 꺼냈다.

"고모님, 그 병풍 많이 낡았을 텐데 지금도 사용하고 계세요?"

"그럼 우리 집 대소사마다 아주 잘 쓰고 있지. 정말 고맙다."

"저~어, 혹 못 쓰게 되는 경우엔 버리지 마시고 저에게 주셨으면 해서요."

아차! 내가 너무 염치가 없었구나. 여고 시절의 꿈 많은 사연을 한 땀 한 땀 수놓았던 작품을 사랑땜도 하지 못하고 내놓아야 했던 어린 마음이 얼마나 애틋하였을까. 진즉 보내주었어야 했는데…….

조각이불은 큰조카딸의 작품이다. 네모 반듯한 크기의 하얀 옥양목 조각에 알록달록 고운 색상으로 정교하게 수놓은 솜씨는 가히 수준급이다. 거기에 같은 크기의 옥색 조각을 서로 이어서 밑바탕까지 연결하게 했고 테두리는 밝은 주황색으로 마무리한 예쁜 일인용 이불이다. 스물네 개의 하얀 조각에 담긴 꽃과 나무, 벌과 나비, 산과 물들이 태양계와 우주로 나아가는 연상을 하게 한다. 깔끔한 모습 그대로 보조를 맞춘 옥색의 푸름은 바다인 듯 궁창인 듯 모든 것을 품어 안는 너그러움으로 느껴진다. 큰형님은, 조용한 한나절 오수를 즐길 때 혼자 덮으라며 주셨지만 난 이불로 사용하기보다는 보물처럼 보관해 왔다. 친정으로 향하는 그리움의 정표로 간직하고 싶은 마음 때문이었으리라. 아니 조각이불에 담겨있는 조카의 애정과 꿈의 한 자락을 안고 향수를 달래고 싶은 마음인지도 모른다.

조각이불을 앞에 놓으면 자연적으로 조각들의 수를 세어본다. 네모진 조각은 카드섹션을 생각하게 한다. 원색의 조각들이 한데 모여 물결처럼 출렁이는 경기장. 출렁이던 물결은 엄청난 함성과 함께 그들의 꿈을 그림으로 그려낸다. 승리를 기대하는 모습과 응원의 외침이다. 응원하는 소리에 힘을 얻으며 선수들은 신명나게 경기를 한다. 온 국민의 열의가 빨갛게 응집되었던 88올림픽의 환희와 감동도, 베이징 올림픽 전야제가 보여준 장엄함도 조각들의 집합체라 할 수 있을 것이다. 그러고 보면 우리가 살아가는 세상살이 속에서 우리 각자도 하나의 조각들이라는 생각이 든다. 서로의 조각들이 함께 보조를 맞추어 가며 공동체의 목표를 튼실하게 세워나가야 할 조각들. 뭉쳐야 힘이 된다는 속담이 많이 있음도 새삼스럽게 되새겨진다.

집에서 직접 길쌈을 하여 가족들의 옷을 만드시던 우리 어머니. 옷감을 마름질할 때는 열두 번을 생각한 후에 가위질은 한 번만 하는 것이라고 누누이 말씀하셨다. 그렇게 하시고도 생겨난 자투리를 모두 모아 두었다가 조각보를 만드셨다. 호롱불 아래서 세모난 조각을 이어 네모를 만들고, 길쭉한 것도 서로 연결하여 길쭉한 네모를 만들고 네모와 네모를 다시 연결하여 만든 수수한 조각보. 자칫 버려질 헝겊 조각들이 어머니의 손길에 따라 쓰임새 있는 물건으로 만들어지는 것을 보며 나는 어머니 식의 절약과 저축을 배웠다.

그동안 살아오면서 시집에서, 직장에서 어그러지는 일들도 많았지만 어머니 식 맞춤법과 조화의 짜깁기를 적용하는 지혜로 잘 견디어 낸 것 같다. 지금도 자투리 천들을 모아두는 버릇이 있다. 언젠가 자투리 시간이 있게 될 때 자투리 천들을 모아 조각보라도 만들어서 조각이불 대신 답례로 전하고 싶은 마음 때문일까.

큰조카딸이 조각이불을 돌려받고 싶다는 생각을 하지 않기를 바라면서.

2008. 10. 30.

나를 알고 계시온지

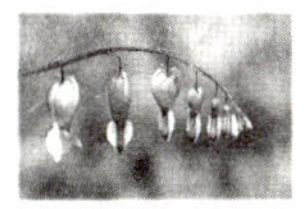

"미스 김아, 퍼뜩 일어나거라. 편지다." 하는 최씨 아줌마의 목소리에 노곤하게 잠들었던 가슴이 쿵~하고 내려앉는다. 보통의 편지라면 밤 근무를 마치고 들어와 간신히 잠든 줄 알면서 이렇게 깨울 리가 없기 때문이다.

"네, 무슨 편지?" 후다닥 일어나며 묻는 말이 떨려 나온다. "연애편지다" 하며 장난기가 서린 아줌마의 표정에 일단 안심은 되었지만 짜증이 났다. 산부인과 전문 병원의 밤 근무가 얼마나 피곤한지, 온 세상이 깨어 있는 시간에 잠을 자야 한다는 것이 얼마나 힘든 것인 줄 잘 알면서 고작 편지를 가지고 잠을 깨우다니. 난 다시 이불을 뒤집어썼다. 그러나 무슨 연애편지일까 하는 궁금증에 편지를 집어 든다. 낯익은 굵직한 필체. 아, 이제 와서 어쩌자고 다시 편지를 보낸 것일까.

빳빳하게 풀을 먹여 반질하게 다린 하얀 교복 칼라로 멋을 부리던 시절에, 옥이는 내게 한 장의 편지를 전해 주었다. 자기가 만난 오빠인데 펜팔(pen pal)을 하라면서. 난 물론 펄쩍 뛰었다. 펜팔을 하다가 발각되어 망신을 당하는 일이라도 생긴다면, 그보다도 난 장학금을 노리며 공부에 매진할 수밖에 없는 형편이었다. 더구나 우리 어머니는 내게 늘 당부를 하셨다. 타지에 나가 학교 다니면서 연애질이나 한다면 집안망신이라고. 만약 그런 일이 생기면 부모와 자식 간의 인연은 끝인 줄 알라고.

그러나 살며시 고개 내미는 호기심과 옥이의 충동질에 못 이기는 척하면서 편지를 읽었고 답장을 썼다. 편지는 옥이 집 주소로 오고 갔고 그의 편지는 우리 삼총사가 함께 읽었다. 편지내용은 그의 등산 이야기가 주를 이루었고 또 독후감과 영화감상에 관한 것들로 극히 펜팔답게 졸업 때까지 진행되었다. 졸업을 하면서 이제 펜팔도 졸업이라는 편지를 보냈고, 옥이한테는 더는 내 거처를 알리지 말라고 당부를 하고 우리도 헤어졌다.

촛불을 들고 나이팅게일 선서를 하면서 가관식을 하고 나면 임상실습까지 하는 간호학 공부는 참 많은 갈등을 일게 한다. 한참 생기발랄할 젊음의 감성이, 병명에 따라 간호 분야에 따라 새롭게 익혀야 할 전문용어들로 숨이 막힌다. 간혹 적성 운운하며 학교를 떠나는 친구의 용기가 부럽기도 함을 감출 수가 없던 그때에 모 대학 학보 하나가 날아왔다.

'약학대 000, 체대생 물리치고 100m 달리기 1등'이라고 명기된 곳에 빨간 색칠이 되어 있을 뿐, 쪽지 하나도 없는 학보. 은근히 다음을 기대하게 하는 그다운 발상이다. 그런데 내가 이 학교에 다니는 줄 어떻게 알았을까.

그렇게 우리의 펜팔은 다시 이어졌다. 여전히 등산 얘기와 독후감과 영화감상 그리고 음악회와 위문공연 등의 내용이었다. 졸업을 앞두고는 국가고시의 합격 여부에 관한 걱정과 격려하는 내용이었다. 그동안 단 한 번도 만남을 강요하지 않았고, 사진 한 장도 나누지 않았다. 아마도 우리의 펜팔이 그렇게 계속 지속할 수 있었던 것은 순수한 펜팔의 감정이었기 때문이라 생각한다. 그러나 이제 졸업을 하면 피차 사회인으로서 결혼을 염두에 두어야 할 시기가 아닌가. 하여 국가고시를 핑계 삼아 다시 펜팔의 종지부를 찍자 하고 답장을 하지 않았다.

그렇게 침묵으로 지낸 세월이 삼사 년, 내가 이곳에 있는 줄은 또 어떻게 알았단 말인가. 주로 엽서로 보내던 편지가 봉함엽서로 변했구나. 저 안에 무슨 내용이 담겨 있을까. 난 다시 답장을 할 것인가. 일단 읽어 보기나 하자고 봉투를 열었다. 역시 짤막한 글이다.

'英아 !
훈풍에 언덕 위의 아지랑이가 어지럽습니다.
어느 山 넘어서 물망초 향기가 그윽하게 콧등을 어루만집니다.
나를 알고 계시온지?
너무나도 먼 소식에 한 장 엽서로 안부를 묻고 싶어집니다.

1967. 3. 20.

그해 여름 어느 날, 그때도 밤 근무를 마친 동료들과 함께 까칠한 입맛으로 아침을 먹고 있었다.

"미스 김, 면회실에 가 보아라." 숨차게 달려온 최씨 아줌마의 짓궂은 표정과 함께 의아해하는 친구들의 눈길이 내게 쏠린다. 먹던 손길 멈추고 설마 하며 면회실로 갔다. 검게 그을린 피부에 하얀 이를 드러내고 함빡 웃고 있는 건장한 모습의 사나이. 분명 난생처음 만나는 사람인데, 왠지 오래전에 헤어졌다 다시 만나는 것 같은 이 기분은 또 무슨 조화인가. 더구나 그는 대뜸 "오늘 온다고 전보 쳤는데 왜 마중 나오지 않았어요."라고 하는데, 나는 핑그르르 현기증이 일어나 할 말을 잊었다. 머릿속에서는 '연애질하면 부모와 자식 간의 인연은 끝'이라던 어머니의 말씀이 뱅글뱅글 맴돌았다.

2012. 5. 15.

사랑하는 사람아

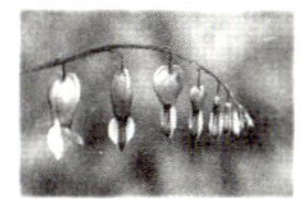

"당신이 지쳐서 기도할 수 없고~"의 찬양을 계속 부를 수가 없습니다. 자꾸만 눈물이 흘러내립니다. 목이 막혀옵니다. 함께 불러야 할 당신의 자리가 비어 있기 때문에…….

우리 어머니는 당신의 그 건장한 체격과 호탕한 성격에 호감을 느끼고 우리들의 결혼을 허락하셨지요. 결혼생활에서 집안에 힘든 일을 도맡아 하며 외조를 잘 해주는 당신 덕분에 난 힘들어하지 않고 가정과 직장의 일을 잘 감당할 수 있었지요. 여름방학이 되면 아이들과 함께 산행할 때도 먹을거리와 텐트까지 모두 당신 혼자 짊어지고 우리는 그저 잘 따라주는 것만으로도 당신은 행복해하셨지요.

결혼 후 20여 년경부터 당뇨병의 진단을 받고 20여 년간 투병을 하면서도 변함없이 도와주어서 아이들도 출가하여 가정과 사회생활 모두 자랑스럽게 하고 있고, 저는 영예롭게 정년퇴직을 하였지요. 칠 남매 장남으로서 아버님과 동생들에 대한 책임감과 임무도 잘 치러냈습니다. 이제는 어머님 모시고 단란한 노후생활을 기대했는데, 그놈의 당뇨병은 당신의 그 꾸준한 노력에도 '투석'이라는 치료 방법을 요구하고야 마는군요.

그놈의 당뇨병이 내민 마지막 카드를 수용할 수 없는 당신의 격분된 감정을 어떻게 도와줄 수가 없어 가슴이 막혀옵니다. 눈에 보이지도 않는 그 당뇨병과의 싸움에서 실패했다는 좌절감으로 당신은 지나온 여건과 주어진 환경에 대한 분노와 원망도 불러오고 있군요. 차라리 마음 느껴지는 대로 화를 내고 감정 일어나는 대로 소리 내어 울어버리는 것이 당신의 심리치료에 도움이 될 텐데, 그 눈물마저 보이지 않으려고 속으로만 삼키고 있군요. 행여 그 눈물이 드러날까 봐 아무도 찾아오지 못하도록 당부하는 당신. 참고 참았던 눈물을 막냇동생 앞에서 터트렸나 보군요. 놀라서 전화해 온 시동생의 목소리에 오히려 제 마음은 조금 안심이 되었습니다.

어쩔 수 없이 응급투석을 시작하고 혈관투석을 위한 수술을 받은 당신의 착잡한 표정이 우울의 단계에 빠지지 않기를 간절히 기도할 뿐입니다. 남은 평생을 2~3일마다 투석을 받아야 하는 생활이라니……. 투석으로 인한 여러 가지 합병증 등도 염려되고. 이래저래 당신을 바라보는 제 마음에도 슬픔과 우울함이 밀려옵니다. 어쩌면 제 정서적 감정이 당신의 감정보다 더 약해질까 봐 오히려 걱정됩니다.

우리가 들어간 병실에는 당신보다 더 긴 세월 투병하며 신체 일부를 잃은 상황에서도 평온한 표정으로 삶의 의미를 다져가는 모습들에서 다소 위로를 받았습니다. 그분들은 절망스런 표정으로 입실하는 환우들에게 연민의 관심도 보여주는군요. 그리고 앞으로 새롭게 살아갈 방법을 담담하게 설명해 주심에 귀도 기울였습니다. 생명 있음을 감사하면서 처한 환경에 지혜롭게 적응하며 살아가는 가장 아름다운 삶의 모습으로 느껴졌습니다.

여보, 몇 해 전 우리 집 시멘트 담벼락에 난 조그만 틈새에 자리 잡고도 빨갛게 피어난 샐비어꽃이 얼마나 어엿하고 아름다웠던가를 기억하지요. 그래서 우리는 마당에 흐드러진 샐비어꽃들의 열매를 제쳐놓고 담벼락에서 익혀 낸 꽃씨를 받았었지요. 금년에도 그 샐비어꽃이 빨갛게 황홀한 아름다움으로 풍성하게 피어나고 있습니다.

우리도 투석 치료를 받을 수 있는 여건 주심에 감사하면서 이제까지 호탕하고 당당하게 살아왔던 것처럼 그렇게 다가갑시다. 당신 말마따나 우리는 여러 차례 죽을 뻔한 고비를 잘도 넘겼습니다. 앞서 간 친구들도 여러 명 있습니다. 나이 들어 한두 가지 병病이 있음은 액세서리로 생각하고 같이 살아가는 것이라고 말들 합니다. 내게 주어진 액세서리가 좀 크고 무거울지라도 그렇기에 더욱 무게 있는 삶이 되도록 합시다. 어려운 상황에도 믿음의 끈 주심에 감사하며 당신의 손잡고 함께 갈 저와 가족들이 있잖아요.

'누군가 널 위하여 누군가 기도하네.~ '의 찬송이 다시 들려옵니다. 그래요. 당신을 위하여 기도하는 많은 손길이 있음도 기억하세요.

여보, 우리 힘을 냅시다.

2008. 7. 18.

신고申告합니다

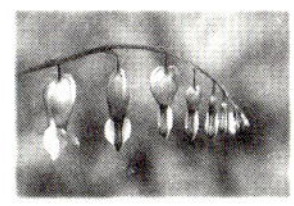

사람의 한평생은 신고로 시작하여 살다가 신고로 마무리를 한다. 모든 신고에는 이름이 앞장을 선다. 어디 신고뿐인가. 죽을 때까지 계속 불릴 이름이기에 이름을 지을 때는 신중에 신중을 기하는 것이리라.

부실하게 태어난 나는 가족들의 마음을 안절부절못하게 하였다. 백일이라도 무사히 지난 후 출생신고를 하려고 이름도 짓지 않았단다. 인구조사를 나온 면 서기에게 어머니는 얼떨결에 영자라고 얼버무리셨고 한자는 면 서기 생각대로 꽃부리 英, 아들 子라고 기록되었다.

꽃부리라. 꽃을 이루는 가장 아름다운 부분으로 '한 송이 꽃의 꽃잎 전체'를 이르는 뜻이라니 참 좋은 이름이다. 그래서인지 영자라는 이름은 그 시대 가장 흔한 이름이 되어 버렸다. 내가 속한 곳에는 같은 이름이 한두 명은 더 있어서 헷갈리는 해프닝으로 머쓱해진 우리를 향하여 웃음보들이 터지기 일쑤였다. 학창시절에는 이름 뒤에 수식어가 하나씩 더 붙여졌다. 희소가치에서 밀려난 이름이 싫어서 멋진 이름으로 개명해 달라고 부모님을 조르기도 했다. 그러나 다수의 다양한 후광이 오히려 새로운 활력소가 되었다고 할까.

지난 유월에 찬양단의 일원으로 논산 훈련소에 갔었다. 유월의 신록보다 더 싱싱한 젊은이들이 소대그룹으로 행진하면서 대대그룹을 이루며 신고식을 거행하는 것을 보았다. 여리고 앳되어 보이는 용모에 안쓰러운 마음이었지만, 절도 있고 박진감 넘치는 동작과 또박또박하고 우렁찬 목소리로 신고하는 장면은 세상에서 가장 멋지고 듬직하였다. 그렇게 자랑스럽고 기백 있는 모습들이 계속 이어지면서 우리나라는 세계 속에 더 젊고 위력 있는 나라로 신고될 수 있으리라는 희망을 품었다.

신고한다는 것은 더 좋은 상황으로 발전하는 것을 전제로 하는 능동적인 의미이기 때문에 듣는 것만으로도 기분이 좋아진다. 아이들이 자라면서 주위에서 보이는 모든 사물에 대하여 끊임없이 질문하는 것은 신고하며 다가오는 사물의 존재가 생소하여 호기심이 커지기 때문이리라.

유아기가 지나면 아동기를 맞이하고 입학식, 졸업식을 거쳐서 사회인이 된다. 짜릿한 감성의 청춘기를 거쳐 혼인하고 새 가족이 태어나고 승진도 하며 살림도 불어난다. 이 모든 단계마다 흐뭇한 마음으로 자랑스럽게 신고절차를 밟는다.

능동적인 신고횟수가 줄어드는 생활이 될 때에 사람들은 살맛이 없다는 말을 한다. 신체 여건이 어떻게 변하든 간에 능동적인 신고 건수를 만들면서 살맛 나는 삶을 살아가는 것은 각자의 몫이 아니겠는가.

수필문학의 길에 새내기로 입문하면서 정읍井邑이란 필명으로 신고한다. 우물이 있는 고을이라.

고향 마을에는 *야곱의 우물보다 더 달고 맛있는 물이 찰랑하게 채워지는 공동우물이 있었다. 가정집의 우물보다 두세 배나 더 커서 온 동네 사람들이 다 사용할 수 있었다. 이른 아침에는 물을 바가지로 퍼서 쓸 수 있는 높이까지 넘실거렸지만 이상하게도 넘쳐흐르는 경우는 없었다. 차차 사람들이 모이기 시작하면 물길이 깊어져서 두레박으로 퍼 올렸다. 김장철이 되면 두레박 끈은 점점 더 길어졌고 마침내 우물바닥까지 드러나면, 퐁퐁 솟아오르는 샘물로 우물을 채워가는 신기한 광경을 볼 수 있었다.

우물터는 동네여인들이 스스럼없이 속마음을 나눌 수 있는 만남의 장소가 되었다. 바가지로 손쉽게 물을 퍼 쓰면서 일상생활의 소박한 행복담을 나눈다. 두레박줄을 힘차게 끌어올리며 소망이 담긴 가족들의 꿈을, 퍼 올린 물을 함지박에 부으며 자녀의 성공담들을 줄줄이 신고한다. 빨랫방망이를 탁탁 두드리며 울컥한 심기도 호탕하게 웃으며 폭로를 한다. 우물물을 퍼 올리듯 어떤 내용의 신고든지 모두 퍼 올려서 흘려보내는 것이니 근거자료로 남을까 하는 염려도 없다. 마음과 정감이 통하는 대로 서로 간의 신고를 주고받을 수 있는 우물터가 있어서 여인들은 항시 해맑은 표정으로 그 많은 가사家事를 척척 해낼 수 있었다.

고향의 우물처럼 풍성하게 넘실거리는 여유로 삶 속에 묻은 갈증을 해갈하는 그런 수필을 쓸 수 있기를 바라면서,

김 정 읍, 신고합니다.

2009. 7. 29.

* 야곱의 우물 : 성서에서 유대인들이 자랑스럽게 여기는 우물

우리 집 마당은

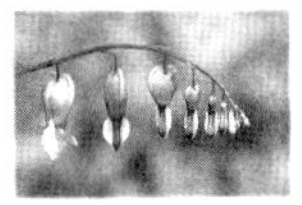

텔레비전을 켤 때마다 아파트 생활의 편리함이 홍보된다. 명절 때마다 주택생활의 불편을 거론하며 아파트로 이사 하라고 형제자매들이 한마디씩 한다. 그래도 우리는 30여 년 가까이 이 고가古家의 주택생활을 고집한다.

시부모와 시동생들까지 십여 명이 넘는 대가족이 함께 살기에는 너무 협소하고 불편하다 하여 우리도 한동안은 아파트 생활을 하였었다. 아버님은 당신 죽으면 아파트 창으로 매달려 내려오기 싫다고 달갑지 않아 하셨지만, 우리 모두의 결정으로 전세를 내주고 이사를 하였었다.

널찍하고 편안한 아파트에서 중학생이던 막내 시동생까지 대학교를 졸업하고 각자의 길로 떠날 때까지는 잘한 일이라고 생각하였다. 그러나 갑자기 생生의 종지부를 찍은 아버님, 당신이 염려하시던 그 모습으로 떠나가심이 못내 송구스러웠다. 그렇게 떠나시는 아버님의 모습이 마뜩찮으셨는지 어머님은 다시 주택생활을 원하셨다.

웅장하지도 않은 건물, 자랑할 것 없는 가구들, 넓지도 않은 대지이지만, 손바닥만 한 앞마당이 있는 집이다. 원래의 마당은 감나무, 동백꽃, 백목련, 사철나무와 철쭉이 어우러진 담장 아래 수선화, 영산홍, 장미가 차례로 피어나며 자그마한 연못에 분수噴水까지 갖추어진 아담한 정원이었다. 어머님과 함께하면서부터 연못과 분수는 흙으로 덮였고 장미가 뽑힌 자리에는 푸성귀들이 자리 잡았고 담장에는 줄기 식물들이 올라갔다.

최근 들어 우후죽순처럼 솟아나는 인근의 고층아파트 때문에 마당에 있는 초목들은 해바라기꽃보다 더 해바라기를 하는 형편이 되었다.

사정은 뻔해도 이 조그만 마당을 두고 봄이 되면 가족들 간에 신경전이 벌어진다. 먹을거리 하나라도 더 심으려는 어머님의 욕심으로 고추, 들깨, 방아초, 상추, 쑥갓, 아욱, 오이, 호박, 토란까지 늘어난다. 야생의 정취를 느끼려는 남편의 야심은 금낭화, 상사화, 원추리, 제비꽃, 초롱꽃 등을 옮겨놓았다. 고향 집 향수를 느끼고 싶은 나는 봉선화, 분꽃, 샐비어, 줄장미, 채송화 등을 고집한다. 민들레, 질경이, 고수초 등은 자연적인 자생력을 과시하며 불쑥불쑥 고개를 내민다.

춘분이 지나면 꽃샘추월랑은 아랑곳하지 않고 서로 경쟁이나 하듯 연하고 쪼그마한 초록빛 새싹이 다투어 올라오는 앙증스러움에 저절로 미소를 짓는다. 단정하고 귀티 나는 정원이 아니지만, 모두 개성 있는 생명력을 자랑하며 활기차고 왕성하게 펼쳐 올라 무질서한 풀숲이 되는 마당을 우리는 만족스러워한다. 달마다 피고 지는 꽃들을 보며 자칫 일그러지려던 가족들의 표정도 꽃들을 닮아보려 애쓴다.

어머님의 수고가 열매를 맺기 시작하면 시장에 다녀오지 않고도 우리 식탁은 풍성하다. 풋고추를 따서 된장을 찍어 먹는 맛, 애호박을 따서 만든 찌개 맛, 오이 하나 따서 만든 냉채 맛의 실속이 쏠쏠하다. 당신의 부지런과 억척스러운 생활력으로 7남매를 자랑스럽게 키워 냈다는 어머님의 자부심은 호박넝쿨보다 더 풍성하다.

무성해진 나무의 가지들을 고르기에 땀 흘리는 남편은, 비단주머니 달고 오는 금낭화나 호리호리한 미모를 과시하며 피어나는 원추리와 평생 푸른 이파리들을 만나지 못해 빨간 그리움으로 피어나는 상상화 등을 보면서 한순간에 지리산 능선이나 덕유산 중봉의 추억을 즐긴다. 일 년 초의 꽃들이 피어나면 나는 봉숭아 꽃물을 들이며 어머니의 사랑을, 분꽃 열매를 으깨며 분 냄새 향긋하던 담임선생님을 그리워한다.

연이어 피어나는 꽃들이 있어 벌, 나비도 날아와 꿀을 찾고, 고추잠자리도 찾아와 짝을 이룬다. 나뭇가지 속은 참새들의 즐거운 놀이터가 되어준다. 비 오는 날이면 땅속에 살던 지렁이들이 목욕이라도 하려는 듯 꿈틀꿈틀 기어 나오는 바람에 동네 사람들에게 미안한 마음이 든다. 풀숲과 같은 마당의 푸르름으로 한여름의 무더위도 시원하게 보낼 수 있다.

비 오는 날이나 여름철에 장마가 지면 비를 맞아야 하는 불편도 있고 신발이 젖을까 봐 장화를 챙겨야 하는 거추장스러움도 있다. 모기와 파리와 싸우는 것도 여간 성가신 일이 아니다. 가을이 되면 잘 익은 감을 나누어 먹는 재미도 있지만 골목길에 떨어진 낙엽들을 쓸어야 하는 수고도 있다. 겨울철에는 무게를 잡는 난방비가 부담스럽다. 두툼한 내복을 챙겨야 하는 촌스러움도 있다. 대문을 열고 마당을 지나 다시 현관문을 열면서 오들오들 떨기도 한다. 집에 아무도 없는 날이면 배달된 택배가 머리 둘 곳을 몰라 어리둥절하기도 한다.

그래도 어머님과 우리는 이대로 주택에 사는 것을 고집하고 있다.

2006. 6. 5.

하얀 멍, 빨간 모자

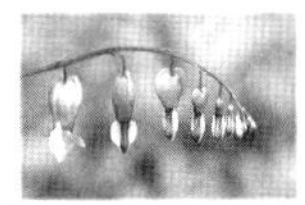

구순을 넘기셨으니 호상好喪이라고 모두 그렇게 위로를 해 주었다. 그래서인지 빈소도 아주 적막한 분위기는 아니었다. 아마 나 자신도 그렇게 생각하였는지도 모른다. 그래서인지 많이 슬프다는 감정은 아니었다. 그렇다고 누군가처럼 홀가분하다는 마음도 아니었다. 그런데 왜 그렇게 흐느끼는 오열이 순간순간 터져 나왔을까. 미운 정도 제대로 없었다면서 무슨 위선이냐고 흉보일 것 같아 자제하려고 해도 어쩔 수가 없었다.

정성스레 화장化粧 된 얼굴에 원삼과 두건까지 갖추어 쓴 어머님은 생전보다 더 고운 모습으로 평온해 보였다. 다만 온기가 회복되지 않는 차가운 피부가 생을 달리하였음을 섬뜩하게 전해주었다. 마침내 길쭉한 관棺이 등장하고 그 위에 빨간 십자가가 새겨진 하얀 덮개가 드리워졌다. 자손들의 흐느끼는 오열 속에 어머님을 태운 네모난 상자는 둔탁한 쇳소리를 내면서 철문 안으로 사라졌다.

화장火葬이 시작되는 것이란다. 한 생명이 흙으로부터 왔다가 흙으로 묻히는 광경도 차마 마주하기 어려운 순간인데 화장이라니. 화장되고 있는 동안 자손들의 가슴속에도 붉은 화염이 솟구친다. 잘잘못간에 어머님과 불화했던 순간들의 기억이 불끈불끈 가슴팍을 후비 친다. 가슴속으로 새까맣게 올라오는 뭉글뭉글한 화염. 뻐근해지는 가슴을 팡팡 두드려 봐도 아무 소용이 없다. 모든 것이 멈추어 버린 듯 암담하게 숨 막히는 시간이었다.

그리고 유골실. 곱던 모습은 어디로 사라지셨나. 불과 두어 시간 만에 한 줌의 하얀 가루라니. 흐~흑! 흐느껴지는 찰나, 가슴 한복판에 하얀 멍이 비수처럼 꽂히는 것 같다. 그리고 멍해진 마음은 멍청하게 흐늘거리기만 한다.

하얗게 멍든 가슴, 하늘의 눈으로 위로해 주시려나. 몇 십 년 만에 내린다는 탐스러운 눈. 온 세상이 하얀 눈꽃으로 눈부시다. 눈이 내리면 으레 환호성을 지르며 뛰어나가 눈싸움을 하고 눈사람도 만들고 눈 사진도 찍던 흥취興趣는 어디로 사라졌나. 그저 담담한 심경으로 하얀 모자를 눌러 쓰고 뒷산을 오른다. 소리 없이 쌓이는 눈은 사각거리는 소리도 없이 밟히는 대로 움푹하게 발자국만 남긴다. 하얀 눈을 쌓이는 그대로 잠잠하게 받아들고 서 있는 늘 푸른 나무의 가지들이 무거워 보인다. 바람도 나와 같은 생각을 하였는지 사르르 불어와 조심스럽게 나뭇가지에 쌓인 눈을 털어준다. 조금 가벼워진 어깨를 살짝 들어 올리며 말없이 바람에게 손사래만 치는 나뭇가지. 고맙다는 인사일 것이다. 하얀 눈을 맞으며 하얗게 변신하는 대로 산속도 그렇게 고요하기만 하였다.

썰렁하고 허허한 집안 분위기는 언제쯤 활기를 찾게 될까. 남편마저 병원에 입원 중이고, 왠지 죄인이 된 기분은 아무런 의욕도 일지 않는다.

따르릉~, 전화벨이 울린다. 점심을 같이 하자는 예쁜 친구의 목소리다. 아직 누구를 만나고 싶은 마음도 없고 또 다른 일이 있다고 해도 막무가내인 친구. 만나자마자 덥석 내 손을 부여잡고 앞장서 가는 친구의 손길이 따스하다. 친구는 미리 봐 두었다며 내게 빨간 모자를 사 주겠단다. 지금 처지에 무슨 빨간 모자냐고 사양을 해도, 장례의식에 어떤 구애拘礙를 받는 형편도 아닌데 무엇이 문제냐며 서둘러 값을 치른다.

그런데 그 빨간 모자를 받으며 하얗게 멍든 내 가슴에 비로소 붉은 핏기가 도는 느낌이 들었다. 핏기 잃어 창백하게 시들어가던 생명이 누군가가 헌혈해 준 피 주사를 맞고 혈색이 되살아나듯이.

빨간 모자를 가방 속에 넣고 '바람의 언덕'에 다녀왔다. 작은 체구의 하반신을 바닷물 속에 잠긴 채로 산들의 맨 끝자락에 버티고 서 있는 바람의 언덕. 바람이 불어오는 그대로 다 받아넘기고 있다. 바람의 언덕에서 불어오는 바닷바람에 빨간 모자가 너풀거린다. 빨간 모자의 생기로 하얀 멍도 슬슬 녹아서 바람과 함께 날아갔는가.

바람의 언덕에서 돌아오는 길, 백미러(back mirror)로 보이는 저녁노을도 빠알간 핏빛이었다.

2011. 3. 7.

제2부
봄나들이

좁은 문

온 가족이 설빔을 차려입고 안방 미닫이 문 앞에서 포즈를 취한다. 다음 명절이 올 때까지 이 행복한 표정들은 날마다 새로운 활력소가 되어준다.

이순을 지나면서 남편은 안방 미닫이문의 유리를 창호지로 바꾸었다. 해마다 새 창호지로 갈아붙이고 설날을 맞이한다. 손자들은 창호지 문 자체에 관심을 쏟는다. 상형문자식 창살이며 움푹움푹 들어간 공간이며 국화꽃 무늬로 하얀 결을 이루고 있는 창호지는 그저 즐거운 장난감이 된다. 이리저리 손놀림을 하다 창호지 살이 톡~ 하고 터지면 움칠 놀란다. 뻥 뚫린 창호지 문구멍에 호기심이 일어난다. 구멍을 통하여 보이는 세상에 새로운 흥미를 일으키며 녀석들의 장난은 계속된다.

떠들썩하게 뛰놀던 아이들이 떠나간 집안은 여기저기 구멍이 난 창호지 문 사이로 공허한 바람이 서성인다. 허전한 마음을 감추며 아이들처럼 창호지 문에 생긴 구멍을 통하여 밖을 내다본다. 좁게 보이다가 점점 넓어지는 시야 속에 먼 추억이 아른거린다.

황토로 벽을 이룬 초가집 방에는 문들이 많았다. 방 앞뒤로는 문고리가 달린 여닫이문, 양옆으로는 윗방으로 통하는 미닫이문, 그리고 봉창封窓과 부엌문 등. 문살의 모형은 문의 위치와 용도에 따라 그 의미를 다르게 하고 있지만 모두 똑같이 하얀 창호지를 입고 있었다. 창호지 문은 스펀지와 같은 흡수력으로 방안에 채워지는 비밀을 품어준다. 안과 밖의 궁금증을 함께하고 싶은 눈치들도 넌지시 받아들이는 너그러운 정서를 담고 있다.

겨울바람이 창호지 문풍지를 울리는 밤이면 어떤 두려움이 몰려왔다. 행여 밤도깨비가 들이닥칠까 싶어 얼른 문고리를 잠그고 방안의 불을 꺼 버린다. 손가락에 침을 묻혀 조심조심 창호지 문에 구멍을 뚫고 손에 땀을 쥐며 바깥을 주시한다. 괴괴한 마당에 서려 있는 섬뜩함을 사립문 빗장이 꼭 잡아주고 있음에 마음이 놓인다. 전통 혼례식의 신방을 엿보며 킬킬거리는 장난기에 창호지는 몸살을 앓는다. 몸살을 앓으면서도 신부의 수줍음을 감싸주려고 후끈한 입김을 불어와 촛불을 잠재워 버린다. 이래저래 숭숭하게 구멍이 뚫린 창호지 문은 고만고만한 땜질로 누더기 행색이 되었어도 그저 아늑한 모습으로 안방을 지키며 세모歲暮를 기다린다.

창호지 문에 뚫린 구멍, 왠지 좁은 문으로 느껴진다. 생명의 시작도 좁은 문을 통하여 태어난다. 태아胎兒가 태어나는 문도 좁은 문이다. 꽉 막혀 있던 자궁 문은 손가락 크기의 구멍보다 더 작은 열림으로 시작된다. 다 열렸다 해도 고작 십 센티의 지름에 불과하다. 이 자궁 문이 다 열릴 때까지 주기적으로 반복되는 진통은 산부에게는 물론 태아에게도 숨쉬기조차 힘든 통증으로 조여 온다. 죽을 고비를 넘겨야 한다.

산도産道 또한 십 센티 미만의 짧은 길이지만 태아에게는 결코 평탄하지 않는 길이다. 두 갈래로 시작되는 산도, 좀 넓고 편안한 길과 좁은 길이 있다. 인생은 선택하며 사는 것이라 했던가. 태아는 태어나는 그 시작부터 선택을 잘해야 한다. 넓고 편해 보이는 길을 택한 태아, 시작은 순조롭다. 그러나 조금만 더 나가려면 꼼짝도 할 수 없는 협곡을 만나게 된다. 태아의 연골로는 도저히 헤치고 나갈 수 없는 단단한 복병이 여기저기 길을 가로막는다. 이쯤 되면 할 수 없이 누군가의 도움을 받아야 한다. 그래도 위험할 수가 있다.

'좁은 문으로 들어가라'는 말씀을 알고 있었을까. 좁은 길을 택한 태아는 선택을 잘한 것이다. 그래도 참고 견디는 인내와 산도에 적응하는 지혜를 발휘해야 한다. 안전하게 태어나려면 겸손한 자세를 취해야 한다. 할 수 있는 한 고개를 푹 숙이고 최대한 웅크린 자세로, 또한 머리와 몸을 산도에 맞게 돌려가며 밀착시키는 지혜가 필요하다. 숨통을 조여 오는 수축에 순응하며 견디어 내는 인내와 강인함도 필요하다. 때가 되면 당당하게 고개를 쳐들고 소리칠 수 있는 용기도 필요하다.

태아가 태어나는 것을 지켜보면서 애가 타는 마음으로 콩닥거리는 심장에 두 손을 모은다. 마침내 많이 힘들었노라고 울면서 좁은 문 열고 나오는 아기. 장하다는 손뼉을 쳐달라고 큰소리치는 녀석이 있는가 하면, 너무 지쳐서 울 힘도 없다고 주저앉으려는 녀석도 있다. 그나저나 태아는 알고 있었을까. 자궁 안의 생활보다 더 다양하게 아름다운 이 세상이 있다는 것을…….

살아가면서도 통과해야 하는 많은 문이 있다. 입시의 문턱은 턱없이 높고, 취업의 문은 아주 좁다. 높은 담 뛰어오르기도 힘들고 좁은 문 뚫고 나가기도 어렵다고들 말한다. 선택과 경쟁의 기로에서 주저앉아 버리려는 사람도 있다. 그러나 태아가 산도를 뚫고 나올 때보다 더 힘든 일이 어디 있을까. 태어남의 첫 관문을 잘 통과하였는데 살아가면서 닥치는 문들이야 하나의 과정으로 생각하며 성취감으로 열어갈 수 있지 않을까.

아직도 통과해야 할 많은 문이 있기에 또 다른 의미의 설렘도 있어 감사하다. 생의 마지막 문을 통과할 때, 많은 사람은 눈물을 흘릴지라도 나는 만족한 미소를 지을 수 있기를 바란다.

문 두드리는 소리가 들린다. 하던 일손을 멈추고 눈길을 돌려본다. 아직 겨울인가 싶었는데 어느새 화사하고 따스한 봄 햇살이 창호지 문 밖에서 손짓을 한다. 꽁꽁 얼었던 겨울 문턱 잘 지나왔노라고…….

2008. 3. 12.

봄나들이

갑자기 봄의 정취를 그리고 싶다. 화구가 제대로 갖추어지지 않았어도 상관없다. 아이들이 쓰다 남겨놓은 크레용과 스케치북을 펼쳤다. 원하는 색깔을 다 표현할 준비가 되었노라는 크레용의 알록달록한 몸짓이 애교스럽다. 하얀 알몸 그대로를 스스럼없이 내어주는 화지畵紙에서 푸근한 정감을 느낀다.

해마다 3월이 되면 그곳에 가보고 싶었다. 가장 먼저 봄을 맞이한다는 섬진강 들녘의 표정이 보고 싶어서. 모처럼 찾아온 기회, 첫 소풍 길에 오른 초등학생같이 들뜬 기분으로 시야를 두리번거리며 연신 감탄을 터트린다. 섬진마을에 들어섰다.

까칠하고 까맣게 타버린 것 같은 매화나무의 몸통에서 지난겨울의 한파가 얼마나 매서웠나를 느낀다. 그러나 매화나무는 묵묵히 봄의 물기를 끌어올려서 여린 가지마다 올망졸망하게 어울려 하얗게 생글거리는 꽃잎들을 피워 낸 보람으로 만족해하는 강인함이 엿보인다.

살며시 매화나무를 어루만져 보았다. 울퉁불퉁 거칠게 느껴지는 촉감에 쉬 손을 뗄 수가 없다. 마음속에 싸한 아픔이 일어나며 어떤 온기가 느껴진다. 부농富農도 아닌 형편에 아들딸 공부시키느라 거칠고 투박해진 어머니, 아버지의 손길이다. 학자금 마련이 잘 되지 않아 까맣게 타들어 가던 부모님의 마음이다. 평생 농토를 떠나지 못하고 힘겨운 일 계속하면서도 자식들의 사회적 활동을 만족해하시던 어머니, 아버지가 다시 그리워진다. 나의 속마음을 알지 못하는 남편은 꽃보다 더 예쁘게 웃으라며 카메라를 들이댄다.

고개를 들어 화사하게 피어난 매화꽃들을 바라보았다. 봄의 향기를 물씬 풍기며 온 산등성이를 하얗게 휘감고 있는 생생함이 가무歌舞로 활기찬 무도회장 같은 느낌이다. 떠나야 할 발걸음 차마 떼지 못하는 꽃샘추위를 위한 환송연의 자리인가. 벌써 꽃가지를 벗어나고 싶은 꽃잎들이 함박눈인 양 하늘거리는 동작으로 나무 주위를 맴돈다. 땅에 떨어질 듯하다가 다시 솟아오르며 따스한 햇볕을 어우르는 모습은 무대 위에서 연기에 몰입한 무희舞姬의 모습이다. 꽃잎들의 동정同情 어린 배웅에 앙살 부리던 꽃샘추위도 하얀 미소를 남기며 떠나갈 수 있으리라. 여린 매화 꽃잎마다 인내, 관용, 화목, 평화와 행운의 의미를 담고 있다고 한다. 하얀 매화꽃에 이어 봄 들녘을 곱게 물들일 색상은 무엇일까.

하얗게 반짝이는 모래톱을 품고 유유히 흐르는 섬진강 푸른 물결 따라 산동마을로 들어갔다. 산자락 사이 계곡을 따라 군락을 이루고 노랗게 피어있는 산수유꽃들. 아! 꿈길처럼 아스라이 느껴지는 황홀함이다. 아름드리 산수유나무 가지 끝마다 몽글몽글 피어 있는 노란 꽃송이들. 그 선명한 투명함에 눈이 부시다. 꽃송이마다 앙글앙글한 희망의 손짓이다. 노란 꽃나무 사이로 평평한 곳에 자리 잡은 촌가村家들은 흐뭇한 표정으로 빨갛게 익을 가을을 기다린다. 나무 아래 땅은 비옥하지도 않은 듯 돌무더기 담이 둘러 있는 모습이 동화 속에 나오는 마을의 정서를 풍긴다. 전망 좋은 곳에 올라가 내려다보았다. 산등성이 따라 광대하게 펼쳐진 노란 색상은 꽃이라기보다 노란 물감으로 화폭 전체를 칠해 놓은 것 같다.

얼핏 손자 녀석의 그림 그리던 모습이 떠오른다. 스케치북을 펼쳐 놓고 먼저 노란색 크레용을 집어 들더니 거침없이 쓱쓱 칠해 나가던 녀석의 손놀림. 바탕색이기 때문이라 대답했던가. 화폭에서뿐 아니라 봄의 들녘에서도 하얀 매화꽃의 바통을 이어 봄의 바탕을 이루는 주자走者는 노란색이었음을 이제야 알게 되다니…….

산수유꽃뿐 아니라 생강나무꽃, 개나리, 유채꽃, 노랑나비, 노란 병아리. 모두 봄의 바탕을 이루는 색깔임이 새삼스럽다. 그러고 보니 봄 햇볕이 따스하던 우리 집 마당도 노란 병아리들의 종종거림에 따라 노란색 봄의 색깔이었다. 노란 병아리는 봄을 유인하는 마술사인가.

추운 겨울을 견디어 내며 봄을 맞이하는 3월의 색깔은 그저 하얀색과 노란색뿐이었다. 그러나 온갖 색상 화려한 어느 달이 이 3월보다 더 감격스러울 수 있을까. 봄의 색상을 화폭에 담고 싶던 마음이 하얗게 질려 어찌할 바를 모르겠다. 얼핏 손자 녀석처럼 노란 크레용을 집어 들었다. 하얀 화지 위에 손끝 가는 대로 노란색감을 질펀하게 문질러댔지만 아무것도 표현할 재간이 없다.

궁지에 몰린 생각이 추억의 실마리를 찾아 사진첩을 펼친다. 거기 매화꽃 새하얀 웃음과 노란 산수유꽃이 봄나들이를 떠나고 있다.

2008. 3. 24.

무궁화

여러 나라에 흩어져 살던 친구들이 동창회라는 이름으로 프랑크푸르트 공항에서 만났다. 40여 년 만의 만남은 참으로 소란스러운 흥분이었다. 서로의 이름을 확인하면서도 옛 모습을 찾을 수 없어 생소한 만남인 양 네가 누구냐는 질문으로 깔깔거리는 웃음 속에 한 가닥 공허한 메아리도 술렁이고 있었다.

푸른 초원을 배경으로 전원 저택과 같은 순애네 2층에서 13명이나 되는 노아老兒들의 새로운 기숙사 생활이 시작되었다. 오랜만에 만났는데도 아무런 허식이나 치레가 없이 있는 모습 그대로 드러내며 그저 즐거운 것은 학창시절의 친구들이기 때문이리라.

친구는 텃밭에 고국의 푸성귀들을 모두 심어 놓고 틈틈이 즐겨 먹는다고 한다. 물방아가 돌아가는 물가를 따라 각종 나무와 꽃들이 피어 있고 거기 의젓하게 서 있는 두 그루 무궁화꽃나무를 보니 마음속에서 쿵 하는 어떤 소리가 들려왔다. 고국과 가족에 대한 그리움과 향수를 홀로 조용히 달래었을 그녀의 마음을 내 어찌 공감한다 말할 수 있으리.

독일은 눈길 가는 곳마다 신선하고 널따란 푸른 초원, 빨간 뾰족 지붕으로 조화를 이룬 숲속의 마을들, 안정감으로 자리한 나지막한 건물들, 가로수가 단정한 깨끗한 거리, 옛 모습을 그대로 보존하고 있는 고성古城의 좁은 골목길과 유적지들, 자연환경의 자연성을 그대로 유지하며 그 질서를 지켜나가는 국민, 검소한 생활과 절약을 실천하는 국민성이 본받을 만한 나라다.

마인 강, 보덴제이 호수, 백조의 성, 하이델 베르그 고성, 네카르 강, 괴테 하우스, 로렐라이 언덕, 나인 강 등을 관광하며 우리는 지나온 세월을 망각한 채 수학여행을 다니는 풋풋했던 학창시절의 발랄한 기분 그대로였다.

그러나 마음 한구석에서 일어나는 어떤 감정은 나를 주춤거리게 하였다. 친구의 집 정원에도, 이 나라 도롯가와 여러 유원지에도 어엿하게 피어나는 무궁화. 무궁화는 분명 우리나라 국화國花인데, 우리나라 도롯가나 유원지에는 무궁화가 별로 보이지 않는다. 우리 집 마당에도 무궁화는 없다. 어쩌다 광복절이 가까운 8월이면 부산역 광장에서 무궁화 전시회가 열렸던 것을 기억한다.

어느 해 여름, 갓 초등학생이 된 아이들과 함께 불국사에 갔었다. 다보탑과 석가탑 등의 자랑스러운 국보를 보여주고 설명하며 내려오는데, 한 무리 관광객들이 한 그루 무궁화꽃나무 앞에서 포즈를 취하며 웃음 띤 대화들을 나누고 있었다. 그러고 보니 참으로 오랜만에 만나는 무궁화라서 아이들에게 우리나라 꽃임을 알려주며 우리도 포즈를 취해 보자고 가까이 갔다. 아 그 무리의 말소리, 그들은 일본 관광객들이었다. 순간 얼굴이 뜨겁게 달아올라서 얼른 그 자리를 스쳐 지나왔다.

무궁화는 여름부터 가을까지 연이어 피어나므로 지금이 한창 제철인데 오직 한 그루의 무궁화임이 부끄러워서이리라. 일제의 흔적을 지우려 건물들은 무너뜨리면서도 무궁화꽃보다 벚꽃으로 화려한 우리 강산이다. 봄철 벚꽃 잔치는 푸짐하게 열리는데 무궁화꽃 잔치를 보러 갈 곳은 어디인가. 애국가와 동요를 부르며 무궁화와 연결된 애국심은 싹트고 있는데 무궁화 꽃동산은 왜 만나기가 힘든 것일까.

일제의 강점기에는 그들의 횡포에 의하여 무궁화도 뽑혀 버린 억울함이 있었다 한다. 그래도 어릴 적 우리 동네에는 모시밭을 끼고 무궁화 울타리가 기다랗게 있었다. 봄이면 가지마다 보들보들하게 돋아나는 초록 잎들을 뜯어다가 쌀뜨물과 함께 국을 끓여 먹었다. 잎들이 무성해지면 진딧물이 덕지덕지 붙어 있어서 좀 추하게 보였다. 그러나 진딧물을 아랑곳하지 않고 새로 솟아나는 가지마다 고운 꽃이 피어난다. 맑고 하얀 꽃잎, 그 안쪽에 빨간색 빗살무늬가 퍼지며 노란 꽃술이 솟아 나온다. 아침마다 새로운 꽃이 환하게 피어나고 저녁때가 되면 사르르 오그라들고 다음날은 깔끔하게 떨어진다. 꽃잎이 떨어진 자리에 동글동글한 열매가 맺힌다.

초등학교 저학년 때 미술 시간이면 선생님은 태극기와 무궁화꽃을 그리라 하셨다. 미술에 소질이 없는 나였지만 무궁화꽃은 자신있게 그릴 수 있었고 색칠도 적나라하게 할 수 있었다. 내가 그린 무궁화꽃이 교실 뒤에 걸려 있음이 은근히 자랑스러웠다.

눈곱이 끼고 눈알이 빨갛게 되는 눈병이 유행할 때면 무궁화꽃나무에는 빨간 리본이 매달렸었다. 어머니는 그 빨간 리본을 절대 쳐다보지 말라고 신신당부를 하셨다. 그것을 보면 눈병이 옮겨온다고 하시면서. 그러나 빨간 리본을 의식하고 시선을 옮길 때는 이미 쳐다봐 버린 것을 후회하면서 눈병을 걱정했었다. 이러한 낭설도 무궁화꽃으로 말미암은 애국심을 말살하려는 왜인들의 농간이었다고 하니 어처구니가 없는 일이다.

생활 속의 허다한 걱정들을 다 잊어버리고 사춘기 소녀들마냥 재잘거리며 즐겁고 행복하기만 했던 열흘간이었다. 이런 기회와 장소를 제공해 준 친구에게 무언가 답례를 하고 싶었지만 한사코 사양만 하였다. 궁리 끝에 기념식수로 오렌지나무라도 한 그루 심어주겠다고 했더니 그제야 허락하였다. 오렌지나무가 아니라 무궁화 묘목을 10그루 정도 사서 대문 앞길에 2줄로 심어놓고 친구들을, 고국을 생각하겠노라고 하였다.

나도 집에 가면, 우리 집 마당 한쪽 햇볕이 잘 드는 곳에 무궁화 서너 그루라도 심어야겠다. 벚꽃보다 더 다양한 색깔과 자태로 아름답게 피어나는 무궁화 꽃구경을 할 수 있는 우리나라의 유원지와 가로수 길이 펼쳐지기를 바라면서.

2007. 6. 5.

모내기

자꾸만 밖으로 나가고 싶어진다. 이런 저런 일 다 접어두고 무조건 나갔다. 차창 밖으로 잽싸게 지나치는 풍광을 따라잡으려는 눈길이 숨 가쁘게 줄달음질친다. 높고 낮은 산들이 온통 초록 물결을 이룬다. 늘 푸른 나무들의 진녹색 위에서 연초록 애체 이파리들이 사르르 앳된 애교를 부린다. 사랑스럽다.

간간이 보랏빛 오동나무 꽃향기가 은근하게 풍겨온다. 이팝나무에 핀 하얀 꽃은 허기진 보릿고개를 위하여 쌀밥 한 그릇 푸짐하게 차려놓은 것처럼 먹음직스럽게 보인다. 어느 순간 시야가 확 트이며 들녘으로 들어선다. 써레질로 마무리된 물 댄 논들이 모내기를 기다리고 있다. 모내기 철이다. '모내기 철에는 고양이 손도 빌린다.'는 속담이 있는데, 이렇게 한가하게 나들이라니. 언뜻 미안한 마음이 일어 어깨가 움츠러진다.

고향에 모내기 철이 되면 정말 눈코 뜰 새 없이 바빴다. 삼십여 호 되는 집집이 한 20여 일 안에 모내기를 끝내야 한다. 돈이 있다고 마음대로 일꾼을 살 수 있는 형편도 아니었다. 서로 품앗이 모내기를 하기 때문에 누구 한 명 방관자가 될 수도 없었다. 어른들은 못줄 잡은 할아버지의 호루라기 소리에 따라 '어이 어이' 하는 응대로 뒷걸음질치며 모를 심는다. 종아리에 달라붙은 거머리를 떼다 보면 빗나가는 보조에 핀잔이 들려온다. 반대편 논에서는 어미 소를 몰며 써레질하기에 바쁘다. 논두렁을 따라가며 '음매에' 하고 어미 소를 부르는 송아지 소리가 느긋하다.

엄마가 모심는 동안 젖먹이 아기는 논두렁에 세워진 큼직한 바구니가 침대가 된다. 코흘리개 개구쟁이도 막걸리 주전자를 출렁이며 새참 이고 가는 엄마 뒤를 따라간다. 새참 한 잔 마시고 나면 구성진 농요農謠 한 가락이 논두렁에 어우러진다. 삼사 대가 함께 가꾸어 가는 들녘에 꿈이 심기어진다.

중고등학생 때는 농번기 방학도 있었다. 말만 방학이지 모내기 일손을 도와주는 운동이었다. 각자 집으로 가서 바쁜 일손을 덜어주기도 했다. 학교에서 단체로 동원되어 모심기를 도우기도 했다. 열심히 모심는 방법을 들었어도 어설프기 그지없고 굼벵이 속도에 불과하지만 오죽했으면 학생들의 손까지 빌렸을까.

줄잡이가 대주는 모 줄에 따라 똑같이 심었는데도 비뚤비뚤 서툰 티를 낸다. 뒷걸음치다 엉덩방아를 찧는 친구도 있다. 옷이며 얼굴에 튕긴 흙탕물을 바라보며 깔깔거리는 웃음소리도 요란하다. 거머리가 무서워 호들갑을 떨기도 하고, 끊어질 듯 아픈 허리를 엉거주춤하며 울상도 짓는다. 잘못 심어진 벼들은 3일쯤 후면 누래져 물위에 떠 오른다. 어른들은 뜬 못자리를 땜질하는 수고를 다시 해야 한다. 나는 발바닥에 닿는 논바닥의 촉감이 좋았다. 어머니의 젖가슴에 안길 때와 같은 푸근한 느낌이었다. 커다란 논에 푸른 생명으로 심기어진 모들을 보면서 뿌듯한 보람이었고 수고했다는 인사에 무언가 한몫했다는 자부심이 들었다. 서툴게 한 일 탓하지 않고 푸짐하게 내주는 새참은 꿀맛이었다.

'아궁이 앞 부지깽이도 뛴다.'는 농번기 철인데, 어째 한가로운 들판 풍경이다. 네모 반듯하고 커다란 논에 이앙기 한 대가 모를 심고 있다. 나이 지긋해 보이는 농부 혼자서 이앙기 핸들을 잡고 같은 동작을 반복한다. 한꺼번에 여러 포기의 벼를 척척 심고 있다. 삼사대가 함께할 수 없는 농촌의 농사는 이제 기계를 이용하여 간편하게 지을 수 있는 세상이 되었다 한다. 규격화된 모판 상자 이용으로 모를 찌거나 모춤을 할 필요도 없다. 지게에 지고 간 모춤을 적당한 간격으로 던져놓는 수고를 하지 않아도 된다. 소를 몰고 힘들게 하던 논갈이도 트랙터가 대신한다. 많은 사람이 동원되어도 온종일 걸리던 모심기를 이앙기 한 대면 반나절 만에 마칠 수 있다. 낫으로 일일이 베어내던 수확도 콤바인이 시원스럽게 처리한다. 다만 농부는 그 기계들을 다룰 줄 아는 기술만 익히면 된다고 한다.

다른 쪽 논에서는 할아버지 혼자서 트랙터를 운전하며 논갈이를 한다. 하얀 백로와 왜가리들은 끼웃끼웃 따라가며 먹이를 찾는다.

마치 아장걸음으로 할아버지를 따라가는 어린 손자들의 모습과 같다. 멀리 있는 손자들의 재롱이 그리워서일까. 뒤 따라오는 새들을 바라보는 할아버지의 입가에 빙긋한 웃음이 이는 것 같다.

구부정한 자세로 논두렁에 혼자 앉아있는 노모의 뒷모습이 보인다. 혼자서 새참을 드시는 중일까. 사람이 할 일 기계가 대신해 주는 편리한 세상이라고 하지만 그래도 사람이 할 일은 여전히 따로 있는 것이다. 그마저 혼자서 하는 쓸쓸함이 없다면 더 좋으련만. 왠지 목젖이 뻐근해진다. 기계 대신 손수 모내기 하시느라 힘들어 하시던 어머니 아버지의 모습이 어른거린다. 먹먹해지는 마음이 마른 침만 삼킨다.

시골마을에 아이들의 함성은 어디로 갔을까. 한적한 마을 어귀로 경운기를 타고 가는 노부부의 뒷모습이 그나마 다정하게 보인다.

2008. 6. 17.

아기똥풀꽃

오월이 되면 자꾸 들녘으로 나가고 싶어진다. 갓 걸음마를 배운 아기가 뒤뚱거리는 걸음으로 문밖으로만 나가려 하는 것처럼.

눈길 가는 곳마다 싱싱하게 생기가 넘치는 초목들을 바라보는 것만으로도 싱글벙글해진다. 앙증스런 얼굴을 엄마 치마폭에 감추면서도 호기심 어린 눈을 반짝거리며 서 있는 아기의 모습처럼 윤기 자르르하게 팔랑이는 연초록빛 나무초리들. 하얀 쌀밥을 수북하게 담아놓은 것처럼 먹음직스럽게 피어 있는 이팝나무꽃들. 그리고 완두콩이 익어가는 밭두렁에 무리지어 노랗게 피어 있는 아기똥풀꽃들. 그 상그레한 아름다움에 저절로 탄성이 나온다.

아기똥풀꽃이라. 그 이름을 읊조리면서도 즐거운 웃음이 나온다. 성인의 그것은 소리 내어 말하기가 거북스럽지만 아기라는 이름이 앞에 있으니 그저 사랑스럽기만 하다. 그러고 보니 줄기와 잎의 하늘하늘한 초록빛은 아기의 배내똥(태변)과 같은 색깔이고 노란 꽃부리들은 엄마 젖을 먹는 건강한 아기의 똥 색깔과 같다는 생각이 든다.

신생아실에서 근무할 때, 아기가 태어나자마자 바로 아기의 손목과 발목 그리고 침상에 아기 이름표를 붙인다. 그 이름표에는 첫 오줌과 똥을 눈 시간을 기록하는 항목이 명시되어 있었다. 만약 하루가 지나도 그 항목이 비어 있으면 이런저런 검사를 하게 된다. 행여 요도관이나 항문이 막히지 않았을까 걱정을 하면서.

아기가 태어나서 제일 먼저 누는 배내똥은 끈끈하고 진한 초록색을 띤다. 배내똥을 누기는 그렇게 쉽지가 않음을, 잔뜩 힘을 주며 용쓰는 아기의 표정에서 알 수 있다. 흔히 힘든 일을 할 때에 젖먹던 힘까지 쏟는다고 하지만 아마도 배내똥 누기가 더 힘들지도 모른다. 엄마 젖을 먹기 시작하면 아기의 똥은 묽은 연초록빛을 띠다가 점차 노란색으로 변한다. 이 시기의 노란색을 의학용어로 황금빛 노란색- golden yellow- 이라 부른다. 아기 똥에 그렇게 멋진 표현을 둔 의미를 생각하며 우리는 기저귀를 갈아 줄 때마다 아기 똥의 양상을 세심하게 살펴가며 기록을 하였다. 잘 싸고 잘 먹고 잘 자는 것의 오묘한 이치를 다시 생각하면서.

아기 똥의 노란빛은 일반적인 빨래 방법으로는 잘 지워지질 않는다. 그래서 삶아야만 한다. 면역력이 약한 아기를 위하여 빨래하는 과정 중에 자연스레 소독까지 하도록 만드신 조물주의 창조질서는 또 얼마나 경이로운 일인가. 아기똥풀꽃도 옷에 묻으면 잘 지워지지 않기 때문에 지어진 이름이란다. 꽃말은 숨겨진 사랑이라는데, 난 순전한 사랑이라고 부르고 싶다.

언덕바지에 수두룩하게 피어 있는 아기똥풀꽃. 나물도 아닌 것이 약용도 못되고 열매도 없으며 정원용으로 쓰일 만한 화초도 아니니 욕심을 내는 사람이 없는 것일까. 민들레와 질경이까지 다 뽑혀가는 세상인데 아기똥풀꽃은 뽑혀갈 염려가 없어서인지 생글생글 웃고 있다. 그런데 이를 어쩌나, 난 슬그머니 욕심이 생기는 것을. 또 쓸데없는 욕심을 부린다고 그이는 핀잔을 하지만 서너 포기를 뽑아왔다. 내년에는 이 청순한 아름다움을 우리 집에서도 볼 수 있기를 바라는 마음으로 마당의 한구석에 심었다. 그중 한 줄기는 꺾여 있고 그 틈새로 노란 진액이 묻어나 있다. 이 노란색이 바로 천연물감이 되는 것이로구나.

천연물감의 원료는 모두 자연에서 나오는 것이 아닌가. 어렸을 적에 설날이 되면 색동저고리가 무척 입고 싶었지만 해마다 검정치마에 노란색이나 분홍색 아니면 옥색 저고리였다. 옷감에 천연 물감을 들이던 어머니의 손은 검게도 되고 노랗거나 빨갛게도 되었다. 그러나 그 물감의 소재가 무엇인지, 어떤 절차를 거쳐야 하는지는 알려고 하지도 않았다. 그때 잘 배웠더라면 지금쯤 사람과 자연이 조화를 이루는 천연 옷감을 다루는 명인이 되었을지도 모르는 것을. 나와 같은 후회를 하지 않도록 아이들한테는 무엇이든 다 경험할 수 있도록 배려하고 싶은 마음 또한 엄마로서 할미로서의 욕심이겠지.

며칠 지나는 사이 아기똥풀꽃이 진 꽃자리에는 길쭉한 씨방이 불거지고 있다. 조금 응달이 져서 다른 꽃들이 활개치지 못하는 이 자리에도 내년에는 아기똥풀꽃들의 황금빛 풍성한 아름다움으로 채워지겠구나.

그러고 보면 이 세상에 존재하는 모든 것은 다 그 존재가치가 있는 것이다. 누구라서, 무엇이라도, 하찮다고 무시하거나 쓸데없는 존재라고 말할 수가 있겠는가.

2011. 5. 20.

훔쳐보다

설거지를 하던 손길은 자꾸만 창 너머로 흘깃거리는 눈길 때문에 아예 일손을 멈추어 버렸다. 옆집 담장 위에 피어난 장미꽃들. 빨간 드레스를 곱게 차려입고 무도회장에 들어선 여인들의 몸짓 같다. 따사한 햇살은 하얀 연미복을 차려입고 정중한 몸짓으로 여인들을 맞이한다. 바람은 경쾌한 탱고의 선율인가. 분위기는 무르익어 화려하고 정열적인 탱고의 물결로 어우러진다.

'재주는 곰이 넘고 돈은 되놈이 먹는다.'고 했던가. 꽃 주인은 옆집 사람인데 꽃들과의 재미는 우리 집 주방에서 더 만끽하고 있으니, 지레 미안스러운 마음은 훔쳐보는 느낌이 된다. 훔쳐본다는 것은 떳떳지 못한 눈길이기에 흘깃거리는 꼴이 되는 것이리라. 그러나 훔쳐보는 솔깃한 재미는 이런저런 이유를 달고 다양한 모습으로 고개를 내민다.

훔쳐보기를 잘못하다가 망신을 당한 일화들은 부지기수다. 그 대표적인 예가 성서에 나오는 다윗 왕을 들 수 있겠다. 우연히 목욕하는 여인 밧세바를 훔쳐보던 다윗 왕. 보는 것으로 끝났으면 좋았으련만, 그 요염함에 홀려서 감정을 억제하지 못한 죄의 대가는 역사가 이어지는 한 계속 전해질 것이다.

신윤복의 그림 〈정변야화〉와 〈단오풍정〉에도 훔쳐보는 재미의 표정을 음흉하고 익살스럽게 표현하였다. 특히 〈단오풍정〉을 보면 야릇한 생각이 든다. 그 시대의 풍속에 따른 것이라 하더라도 여염집 여인들이 하필이면 대낮에 개울에 나가 목욕을 했을까. 오가는 사람들의 눈에 띠일 것은 뻔한 일인데. 그러니 장난기 많은 악동들이 나무 뒤에 숨어서 훔쳐보는 재미를 누릴 수밖에. 그렇다고 누가 그 악동들의 행실을 나무랄 수가 있겠는가.

요즘은 훔쳐보려 하지 않아도 저절로 보이는 자태 앞에서 곤혹스러울 때가 많다. 초미니 팬츠를 입고 다니는 여인들, 상체가 거의 다 노출된 화려한 드레스의 주인공들. 그들의 늘씬한 각선미와 풍만함이 부럽기도 하지만, 무언가 아슬아슬한 느낌이 민망해서 눈길을 외면하게 된다.

첩보영화에서는 망원경까지 동원하여 훔쳐보는 장면을 당연하다는 듯 클로즈업시킨다. 어디 첩보영화뿐이겠는가. 혜각대사를 국사로 임용하기에 앞서, 목욕하는 자리에 알몸의 시녀들을 들여보내 시중을 들게 하고 훔쳐본 후에 결정했다는 당나라의 여걸 측천무후도 훔쳐보기의 대가로 꼽히지 않겠는가. 그러고 보면 훔쳐보기라는 것은 그 목적에 따라 당연할 수도 있고 비리도 되는가 보다.

나는 아기들만 보면 관심이 쏠린다. 길을 가다가 만난 아기도 얼러보고 싶고 엄마 품에 안긴 아기를 보고도 한마디 거들고 싶다. 우리 아기가 아니니 떳떳하게 나설 수 없으므로 훔쳐보는 격이 된다.

특히 버스 안에서 만난 아기들은 훔쳐보는 것으로 시작된다. 엄마 품에 안긴 아기의 얼굴은 대개 뒤로 향하고 있다. 아기 뒤에 있던 내가 아기의 예쁜 모습을 계속 주시하노라면 아기도 그 낌새를 느끼는지 나와 눈길이 마주친다. 그 틈을 타 살짝 윙크를 해 주면 아기는 수줍은 듯 고개를 돌린다. 그러나 잠시 후 아기도 나를 훔쳐본다. 그렇게 눈길이 마주치다 보면 아기의 입가에 배시시 웃음이 피어난다.

어느 날엔 아직 돌도 안 되었을 아기와 눈이 마주쳤다. 습관적으로 까꿍 하며 얼렀더니 단번에 까르르 웃는 아기. 아기 엄마가 싫어하는 눈치가 아니어서 다행이라 생각하며 계속 얼렀다. 웃음소리는 더욱 간드러지며 웃음을 참지 못해 꺽꺽거리기까지 하는 아기와 얼마나 즐거웠던지. 처음 보는 아기가 보내주는 그 천진한 미소는 말 그대로 행복바이러스가 된다.

지하철 안에서, 옆에 있는 아이 예쁘다고 어르다가 뺨을 맞은 할머니의 예화가 보도된 적이 있다. 조심하지 않으면 나도 뺨 맞는 일이 생길지도 모르겠다는 생각을 하면서도 아기만 보면 습관적으로 눈짓을 보내는 나. 혹 아기 훔쳐보는 중독증에 걸린 것은 아닐까.

2011. 6. 7.

장마철 나들이

장대비가 쏟아지던 새벽과는 달리 비는 그쳤다. 하지만 언제든지 마음만 먹으면 다시 세차게 쏟아질 기세로 먹구름이 낀 하늘이다. 주섬주섬 소지품을 챙겨 넣은 가방에 커다란 비닐도 접어 넣는다.

안개가 걷히며 햇살이 비친다. 무지개를 찾아 하늘을 두리번거리는 습관은 여전하다. 하늘을 두고 맹세한 무지개의 약속. 피조물을 향하여 다시는 홍수의 벌을 내리지 않겠다는 조물주의 가없는 사랑의 표징을 찾으려 애를 쓴다. 빨. 주. 노. 초. 파. 남. 보로 어우러진 아름다운 무지개. 무지개가 있어 사람들은 홍수 이전의 삶을 지워버리고 새로운 삶의 행복을 꿈꿀 수 있다. 행복의 주된 색깔은 사랑일까, 아니면 우정, 돈, 건강, 지식이나 욕망 또는 명예일까. 행복이란 다양한 색깔이 조화를 이룰 때 얻을 수 있는 것이라고 무지개는 말하지 싶다.

내가 근무하던 곳에서는 여름철이 되면 의료혜택이 열악한 지역을 찾아 봉사활동을 나갔었다. 약속된 날에 비가 내릴 거라는 일기예보로 떠나기를 염려하는 동료도 있었지만 우리는 즐겁게 강행하였다. 빗방울과 함께 출발하여 가다 보면 어느 순간 쨍한 햇살이 비치고 건너편 하늘가에 커다란 포물선을 그리며 무지개가 떠 있기도 했었다. 무지개의 꿈을 마음에 품고 우리는 땀을 뻘뻘 흘리며 노동의 피곤함도 잊은 채 뿌듯한 행복감으로 즐겁게 봉사활동을 하였다.

다시 희부연 안개가 시야를 가리는가 싶더니 시끌벅적한 소리를 내면서 빗방울이 차창을 두드린다. 점점 세차게 쏟아지는 빗줄기. 와이퍼가 숨 가쁘게 빗물을 훑어내어도 가야 할 길은 후줄근하게 젖어 있다. 버스는 길 위에 고이는 빗물을 가르며 계속 달린다. 바퀴와 부딪치며 하얗게 흩어지는 빗방울은 물총 싸움 놀이를 하는 것 같다. 빗속을 달리는 버스를 응원하는 초목들은 생기에 차 있다.

어느 해 여름방학, 초등학생인 아이들과 함께 설악산에 올라 계곡에 텐트를 치고 물놀이를 즐기다가 잠이 들었다. 잠결에 후드득하는 빗방울 소리와 부산하게 웅성거리는 소리를 들었지만 그대로 자고 있었다. 조금 있으니 누군가 다급하게 우리를 깨웠다. 계곡물이 차오르고 있으니 서둘러 자리를 피하란다. 설마 하면서도 아이들의 곤한 잠을 깨워서 더 높은 자리로 피하였다. 아침에 일어나보니 계곡은 시뻘겋게 불어난 황토물살로 커다란 강물이 되어 폭포처럼 무섭게 쏟아지고 있었다. 그리고 계곡 건너편에 고립된 청년들의 외치는 소리, 위험을 무릎 쓴 구조대의 아슬아슬한 구조작전을 보면서 우리는 모두 가슴 졸이며 손에 땀을 쥐었다.

계곡의 물은 늦은 오후에나 빠질 거라는데 시간에 여유가 없는 나로선 조바심이 일었다. 점심시간이 좀 지나서 대피소 직원이 만류했지만 하산을 강행하였다. 무릎까지 넘실거리는 물속을 아이들의 손을 꼭 잡고 부들부들 떨면서 건너던 동안의 두려움은 얼마나 컸던가. 하루쯤 결근을 하더라도 아이들의 안전을 먼저 생각했어야 했는데. 융통성 없는 주변머리가 내일의 출근에 더 무게를 두고 무모하게 하산을 서두르다니. 참으로 숨 막히는 순간이었지만 감사하게도 무사히 빠져나올 수 있었다.

그칠 줄 모르고 쏟아지던 빗줄기가 목적지에 도착할 무렵에는 가랑비로 내린다. 장마철에도 쏘다녀야만 하는 생활이 바빠 죽겠다고 엄살을 부리며 비닐로 가방을 씌운다. 가랑비에도 옷이 젖는다는 속담을 생각하면서, 아니 언제 다시 세차게 쏟아질지 모르는 장대비를 염려하면서.

인생살이도 장마철 나들이 같은 것이지 않을까. 환경의 변화에 휘둘리지 말고 매사에 선택을 잘하는 삶이기를 다짐하며 우산을 펴 들고 가랑비 속으로 걸어간다. 가랑비가 소곤거린다. 인생은 선택하며 사는 것, 오늘 나들이를 강행한 것은 참 잘한 선택이라고.

"인생은 삶(B - birth)과 죽음(D – death) 사이의 선택(C – choice)이다"라고 샤르트르도 말했다나.

2011. 7. 22.

녹담길

백여 년이 넘는 나무들이 울창한 숲을 이루고 잔물결을 이루는 호수를 따라 평탄하게 걸을 수 있는 산책길이 있다. 어린이들을 위한 체험 학습장도 있고 놀이터도 있다. 구슬이 서 말이라도 꿰어야 보배라는데, 사회생활을 하는 동안에는 그곳에 다니며 즐길 여유가 없었다.

퇴직을 하고서도 여전히 분주하다는 핑계로 산책하러 가는 것을 멀리하다가 건강에 빨간불이 켜지고서야 공원을 찾았다. 강도 높은 운동을 할 수도 없으니 산책이라도 꾸준히 하라는 처방 때문이다. 출퇴근이 아닐지라도 일상의 일과가 있으니 산책은 땅거미가 지는 시간을 택하기로 했다.

오랜만에 와 보니 입장료도 없어졌고 비탈길에는 완만한 곡선으로 이어진 덱 로드(deck road)가 다듬어져 있다. 덱 로드를 만들 때 길에 서 있는 나무들을 잘라내지 않고 보호막으로 감싸서 살려 놓은 배려가 눈에 뜨인다.

덱 로드는 완만한 곡선을 그리며 누구라도 편안하게 산책을 즐길 수 있게 되어 있다. 유모차 안에서 젖먹이도 까만 눈망울을 반짝거리고, 휠체어 안에서는 주름진 어르신의 얼굴에 빙긋한 웃음이 인다. 생동감이 넘치는 어린이들은 쿵쿵 뛰어다니고, 흐늘거리는 팔다리를 지팡이에 의지한 분들도 느릿한 걸음으로 근육의 힘을 키워간다. 팔짱을 낀 연인들의 소곤거리는 걸음이 있는가 하면 생활 속에 쌓인 갈등을 숲속으로 쏟아내는 거친 발길질도 보인다. 손닿는 곳의 나무들을 감싸 안아주며 가는 손길이 있는가 하면 허리의 통증을 나무의 등에 퍼붓는 모습도 보인다. 이런저런 모습의 사람들을 모두 품어주며 녹담의 숲은 피톤치드라는 건강효소까지 마시라 한다.

덱 로드에 이어 사방으로 산을 품고 있는 호수를 따라 산책길이 이어진다. 걸림돌이 하나도 없는 부드러운 길은 호수를 향하여 팔을 벌리고 있는 나뭇가지들로 운치를 더한다. 나르시시즘(narcissism)에 빠져있는 나무들을 끌어들이려고 호수의 손은 더욱 하늘을 향하고 사람들의 시선 또한 나르시스 신화에 주인공이 된다.

'머리 조심'이란 표를 이마에 달고 길을 가로막는 나무도 있다. 머리 조심은 곧 겸손을 말하는 것일까. 키가 큰 사람은 물론 작은 사람마저도 그 나무 밑에서는 고개를 숙이고 지나간다. 나무들의 자태를 보면서 내 마음대로 암수를 구별해 본다. 늘씬하게 쭉 뻗어 오른 것은 수나무, 펑퍼짐하게 가지를 이루었으면 암나무. 암수 나무가 골고루 퍼져 있어서 숲속 사회는 저렇게 풍성한 모습인가 보다. 사람은 물론 자연의 모든 피조물도 모두 암수로 구별되었으며 그로 인하며 생육하고 번성할 수 있음을 다시 깨닫는다.

암나무라 칭한 나무 중 한 그루에는 흥부네 가족이란 이름을 지어주었다. 옆으로 뻗은 가지 위에 다시 열두 그루 이상의 가지 나무를 줄줄이 키우고 있는 참으로 특이한 나무이다. 흥부네는 제비가 물어다 준 박 씨 덕이라도 보았지만 이 나무는 저 많은 식구를 어떻게 건사할 수 있을까. 괜스레 내 팔이 무거워진다.

호수에는 하얀 거위들이 백조인 양 우아한 자태를 뽐내며 점잔을 뺀다. 브이 대열을 유지하며 유유히 물살을 가르는 오리 떼들은 하늘의 기러기 떼도 부럽지 않은 당당함이다. 호수 속의 오리들도, 하늘의 기러기들도, 땅 위의 사람들도 모두 승리를 갈구하며 살아간다. '빅토리, 빅토리, 브이 아이 시 티 오 알 와이.'라고 외치던 운동회 때의 함성이 들려오는 듯하다.

계곡의 물이 호수로 흘러드는 곳에 놓인 다리 밑에는 커다란 물고기들이 서커스단처럼 멋진 묘기를 부린다. 사람들은 환호를 지르며 먹이를 던져준다. 먹이를 낚아채는 모습은 돌고래의 자태를 흉내내는 것 같다. 성어들의 기세에 몰린 치어들은 구석진 곳에서 소리 없이 체력을 단련한다. 올림픽 출전을 준비하는 선수의 모습이다.

물 반, 고기 반이라며 사람들은 낚시하고 싶은 표정이지만 난 가족계획이 아닌 어족계획이 필요하다는 생각을 한다. 수중환경의 오염을 염려하면서.

그렇게 슬슬 한 바퀴 돌아오는데 어느새 어둠이 깔리기 시작한다. 숲 속의 어둠은 도심에서보다 더 짙은 무게로 위엄을 떨치며 몰려오는 것 같아 어떤 두려움이 연상된다. 특히 공중변소를 지날 때는 무섬증으로 바뀐다. 고향마을의 공중변소를 지날 때는 대낮에도 '오금아 날 살려라.' 하고 뛰어갔었다. 막내 오빠가 들려준 몽달귀신과 도깨비 이야기 때문에. 그 두려움의 존재가 어둠이 짙어가는 숲속 어딘가에서 나를 주시하고 있는 것 같아 발걸음이 빨라지던 찰나에 반짝, 환해지는 시야. 가로등이다. 가로등 불빛에 어둠의 공포증은 저만치 밀려 나간다. 빛과 어둠은 공존할 수 없는 것. 삶 속에서도 빛이 비치는 길엔 어둠의 발길이 들어올 수가 없을 것이다.

가로등이 있어서인가. 어둠이 짙어져도 사람들의 발길은 계속된다. 나무들을 생각해서 가로등은 달빛 머금은 달 모양으로, 덱 로드에는 수면등睡眠燈의 형태로 달아놓았다. 그러나 가로등은 날이 밝을 때까지 계속 켜져 있을 것이라 한다. 어머나, 이를 어떡해! 자정이 넘어서도 찾아올 사람이 얼마나 될 것이라고, 밤새 불을 켜 놓아야 한다니.

밤새 수면등을 켜 놓아야 하는 병실에 입원했을 때, 그 불빛 때문에 나는 제대로 잠을 잘 수가 없었고 피로는 가중되었던 기억이 난다. 병원에 입원한 것도 아닌데, 밤에 잠마저 푹 잘 수 없는 나무들의 피로는 어떡하나. 나무들이 건강해야 계속 우리들의 건강을 챙겨 줄 것인데. 억수로 미안해지는 마음이지만 나는 나무들을 위하여 무엇을 어떻게 해 줄 힘이 없다. 그저 '나무야 고맙고 미안하다. 그래도 건강해야 해'라고 격려나 해주는 수밖에.

소음과 분진으로 매캐한 도심의 도로에서 불과 4~5분의 거리에 녹음 짙은 공원이 있는 것을 감사하면서 날마다 녹담길을 찾으리라.

2011. 10. 9.

뿌리

벌써 며칠째 남편은 감나무 뿌리와 실랑이를 벌이고 있다. 삽과 괭이를 동원하여 마당이 쿵쿵 울리도록 힘을 쓰는데도 뿌리는 꿈적도 하지 않는다. 좋은 터에 뿌리를 내리고 이제 감나무 구실을 제대로 하고 있는데 다시 옮기려 하다니. 감나무로서는 억울하기 그지없을 것이다.

뿌리는 자기의 존재를 내세우지 않는다. 땅속으로 파고 들어가 아무도 모르게 나무를 자라게 한다. 뿌리가 있어 나무는 튼실한 둥치로 많은 가지를 벋친다. 아름다운 잎사귀와 꽃을 피워내고 알알이 탐스러운 열매를 맺을 수 있다. 새들과 곤충들에게는 보금자리와 놀이터가 되어주고 사람들에게는 쉼터의 자리로 내 준다. 세찬 비바람과 홍수에도 잘 버틸 수 있도록 든든한 기반이 된다. 그저 묵묵히 일하는 뿌리의 역할이 아니면 나무는 나무다울 수 없을 것이다.

식물뿐 아니라 이 세상에 존재하는 모든 개체는 어디든지 있는 그 자리에서 뿌리를 내리고 터를 잡는다. 일단 뿌리를 내리고 터를 잡았으면 그 환경에 적응하며 나름대로 역할을 감당한다. 그리고 터 잡은 곳에 정을 쏟으며 떠나기를 싫어한다. 비록 그 있는 곳이 다른 환경에 비하여 더 척박하다 할지라도.

등산길. 사람들을 위한다는 명목으로 오솔길 대신 등산길을 만들면서 산과 나무들에 생채기를 내고 있다. 어디 그뿐인가. 기왕에 주어진 등산길로만 다녀도 좋으련만 더 편한 길을 찾느라 등산길 주위에는 또다시 여러 갈래의 샛길이 만들어지니 나무들은 설 자리를 잃고 있는 것이다. 저항도 못하는 뿌리들은 이미 상처투성이가 되었고 반복해서 밟힌 자국마다 반들반들하게 닳아진 상태이다. 그래도 아직 나무를 나무답게 키우고 있음이 참으로 대견스럽고 장하게 보인다. 그러나 이대로 계속 방치된다면 얼마나 오래 버틸 수 있을까. 옛사람들처럼 나무들이 내어주는 오솔길을 걸어가면 나무들과 더욱 여유 있게 교감을 나눌 수 있으련만.

지난여름에 천마총에 갔었다. 들어가는 길 좌우에 있는 우람한 노송들의 위용에 저절로 숙연해졌다. 깔깔거리던 소란을 멈추고 소나무가 간직하였을 천 년 신라의 전설이라도 듣고 싶었다. 나무둥치에 귀를 밀착시키며 팔을 벌려 보았다. 두 사람이 팔을 벌려도 손에 잡히지 않는 크기에 감탄하며 위를 바라보다가 또다시 깜짝 놀랐다. 옆으로 길게 뻗어난 가지를 지탱해 주기 위하여 받침대를 두세 개나 세워 주고 있는 광경이라니! 몇 백 년인지도 모를 햇수를 저렇게 버티느라 얼마나 힘이 들까. 아무리 뿌리의 근성이라 하더라도 더는 견딜 수 없었던지 땅 위로 치솟은 뿌리들이 울퉁불퉁한 군락을 이루고 있었다.

이유야 어찌 되었든지 간에 지표면으로 불거져 나오는 뿌리를 보는 마음은 안쓰럽기만 하다. 마치 부모님의 다리에 불거져 나온 굵은 핏줄(정맥류)을 보는 것처럼. 힘들고 무거운 일 도맡아 하시느라 생길 수밖에 없는 굵은 핏줄이 행여 터지기라도 하면 어떡하나 가족들은 염려되었다. 그러나 쉽사리 수술을 받을 형편도 못 되니 그저 안타까운 마음으로 무사하기만을 바라며 조마조마했던 마음처럼, 나무뿌리가 걱정스러웠다.

사람들은 자기가 태어난 곳에 일차적인 뿌리를 내린다. 가족과 고향이란 이름으로 애정의 뿌리를 뻗치며 행복을 키워간다. 이차적으로는 사회성의 형태로 이뤄지는 공동체의 결속력으로 생의 욕구를 성취하는 생활의 뿌리를 내린다. 뿌리와 같이 묵묵히 일하는 사람들이 있어 살맛이 나는 세상임을 감사한다.

'뿌리'라는 이름으로 상영되었던 영화의 장면들이 떠오른다. 천진스럽게 평화로웠던 삶에서 갑자기 노예 신분으로 잡혀갈 때의 몸부림. 그것은 뽑히기를 거부하는 뿌리의 모습이었다. 그리고 엉뚱한 곳에서 오랜 세월 동안 엄청난 몸살을 앓으면서도 결국 새롭게 뿌리를 내릴 수 있었던 것은 강인한 뿌리의 근성 때문이었으리라.

어린 시절에 '삼천리 반도 금수강산'을 노래 부르며 물의 귀함을 모르고 자랐다. 언제까지나 단물을 풍족하게 사용할 수 있는 우리나라일 줄 알았다. 물 대신 맥주를 마시고 식수를 사 먹는 나라 사람들의 불편함과 생활비까지 걱정을 하면서. 그러나 불과 몇 년 만에 우리나라도 물 부족에 대한 대안이 대두되고 있다. 여러 곳에 댐을 세우면서 많은 마을이 수몰되었다. 어쩔 수 없이 고향이란 이름의 뿌리가 수장되는 것을 바라보며 애달파 하던 주민의 모습도 떠오른다.

언제 어디서나 뿌리가 뿌리의 구실을 다 할 수 있을 때 풍성한 결실을 얻을 수 있지 않겠는가. 뿌리가 뿌리답게 뻗쳐 나갈 수 있도록 객토라도 덮어주고 싶다.

2009. 11. 11.

돌멩이 하나, 욕심내다

살아가면서 가장 욕심을 내는 것은 무엇일까. 뭐니 뭐니 해도 머니(money)가 최고라는 유행어까지 생겨난 걸 보면 부자가 되는 것이 최우선일까.

첫돌을 맞이하는 아기의 돌잔치에서 가장 흥미진진한 시간은 돌잡이 상에서 아기가 무엇을 집느냐 하는 것이다. 그 상 위에는 어른들의 바람대로 실타래와 연필과 지폐가 놓인다. 요즘은 마이크와 공이 곁들어진다고 한다. 마이크와 공의 인기가 세계를 움직이고 있으니 당연지사이리라.

유년시절에 나는 공기놀이를 할 수 있는 유리구슬이 무척 갖고 싶었다. 알록달록한 무늬를 투명하게 보여주며 손바닥 안에서 댕그랑거리는 유리구슬. 구슬을 요리조리 둥글리며 바라보면 요술 나라를 구경하는 것 같은 황홀함까지 일었었다. 그러나 유리구슬을 살

돈이 없어서 돌멩이를 주워 공기놀이를 하면서도 스스로 돈에 대하여 욕심을 내지 않은 것은, 돈은 어른들의 몫이라 생각했기 때문이었던 것 같다.

소녀 시절부터 내가 부러워한 것은 스스럼없이 웃을 수 있는 함박웃음이었다. 유치乳齒부터 썩기 잘하던 내 치아齒牙는 영구치가 나오는 길을 제대로 잡아주지 못하고 뻐드렁니로 솟아나게 하였다. 특히 대문짝만 하게 겹쳐진 앞니 두 개는 날 소심하고 부끄럼을 타는 소녀로 자라게 하였다. 어떤 즐거운 일이 생겨도 활짝 웃지 못하고 입부터 가려야 했다. 사람들과 대화를 나눌 때도 문제의 앞니를 보이지 않게 하려고 애를 썼다. 말없이 입을 다물고 있으면 두드러진 입 모양 때문에 골난 사람으로 오해받기도 하였다.

청년 시절에 부모님께 의논도 하지 않고 혼자서 치과에 들러 문제의 앞니를 뽑아 버렸다. 그해 겨울방학 때 전국의 간호학생회 회장들이 함께 무의촌 봉사활동을 가기로 한 것이 계기가 되었다. 무모하기 그지없는 행동이었지만 이런 입 모습으로는 대중 앞에 설 수 없다는 외곬으로 치우친 생각이 내린 대단한 용기와 결단이었다. 어디서나 마음 놓고 대화를 나누며 함박웃음도 웃고 싶다는 욕심 때문이었다. 어이없는 딸의 만행을 탓하지 않고 서너 가마의 쌀을 팔아서 돈을 마련하여 시오리 길을 함께 손잡고 걸어 다니며 치료해 주신 부모님. 그 가없는 사랑에 힘입어 스스럼없이 함박웃음을 웃을 수 있게 되었다.

유년시절에 갖고 싶어 했던 유리구슬이 아직도 마음 한구석에 남아있는 것일까. 난 지금도 작은 돌멩이들에 관심이 많다. 그래서 가끔 산과 들에 나들이를 갔을 때에 내 눈길을 끌었던 돌멩이들이 화단 가에서 꽃들과 함께 어우러져 있다.

지난해 여름, 제주도에서 만난 돌멩이 하나. 욕심이 나서 여행가방 속에 넣어 왔다. 돌이 많다는 그곳, 산책길을 돌아 나오는데 텃밭에서 걷어 낸 돌들이 길가에 놓여 있었다. 그중에서 손바닥 안에 들어오는 갸름한 돌멩이 서너 개를 골라서 들고 왔다. 숙소에 돌아와 깨끗이 씻어서 탁자 위에 올려놓았다. 그런데 이게 웬일인가. 돌멩이가 웃고 있다. 눈도 입도 없는데 윙크까지 하며 빙그레 미소를 짓고 있다. 그저 작은 점 하나와 삐딱한 선이 두어 줄 그어져 있을 뿐인데, 그 미소는 모나리자의 미소보다 더 매력적으로 느껴졌다. 남편은 그게 무슨 웃는 것이냐며 별걸 다 욕심낸다고 놀렸지만 난 집에까지 가져오기로 했다. 혹 검색소에서 창피당하는 일이라도 생기면 어쩌나 하고 가슴이 두근거렸지만, 무사히 통과되어 날마다 내게 미소를 보내준다. 익살스러운 윙크와 함께.

흔히 우리는 바위나 돌멩이를 무생물이라 일컫는다. 그들은 정말 무생물일까. 무생물이라서 욕심도 없을까. 욕심이나 감정이 없다면 저 미소는 왜 만들었을까. 아마도 아름다운 바다 속 풍경도 떠올리고 꽃과 나비들과의 대화도 추억하며 행복하게 웃는 모습으로 남고 싶어서였을 것이다. 한 점 동그라미와 비딱한 두 개의 선으로도 보일 수 있는 이 미소를 만들기 위하여 자연의 손길에 얼굴을 맡겼을 것이다. 오랜 세월 온갖 풍상을 다 겪으며 살이 깎이는 아픔을 참고 견디어 냈을 것이다.

자연과 더불어 살아가는 사람들의 욕심도 단지 물질적인 것에만 집착되는 것은 아닐 것이다. 어쩌면 물질적인 것보다 정서적으로 만족을 느낄 때 더 행복하게 웃을 수 있지 않겠는가. 돌잡이 상에서 아기가 어떤 것을 집든지 간에 그 천진스런 행동을 바라보면서 함께 함박웃음을 터트리는 그 순간이 더없이 행복한 것처럼.

정녕 사람들이 가장 욕심을 내는 것은 돈도, 명예도, 권력도 아닌 그저 활짝 웃으며 살아가기를 희망하는 것이리라. 돌멩이의 미소까지 탐하는 마음처럼.

2010. 11. 2.

꽃이 피네

찬바람이 불기 시작하면서 마당에 있던 꽃과 나뭇잎들은 시들한 모습으로 모두 떠나가 버렸다. 그러나 봉선화꽃에 밀려 조금 늦게 피기 시작하던 샐비어만은 싱싱한 초록에 빨간 환희로 환하게 피어 있음이 참 대견스러웠다. 하여 연 말까지 그 자리를 지켜주기 바라면서 찬 서리가 내릴 거라는 예보에도 그대로 세워두었는데, 아침에 나가보니 선 채로 얼어서 죽어 버렸다. 밤새도록 동사하는 고통이 얼마나 심했을까. 미리 뽑아주지 않았음을 자책하며 무척 미안하고 착잡한 마음이었다.

찬바람만 이는 겨울 마당에는 이제 살얼음만 고일 것이라는 생각을 하며 둘러보는데 사철나무와 동백꽃 나무가 눈에 들어온다. 봄, 여름, 가을 동안에는 서로 다투듯이 피어나는 꽃들에 자리를 내주고 푸른 잎만 무성하게 가꾸던 사철나무와 동백이 겨울 한파를 지키는 파수꾼인 양 초록빛 반질반질한 윤기로 당당한 모습이다. 핑크빛 연지에 빨간 입술로 단장한 동백꽃들이 하나 둘 피어나고 봉긋한 꽃망울들이 촘촘히 올라온다. 초록빛 무성한 잎들이 한데 어울려 겨울새들에게는 쉼터가 되어준다.

봄여름에 피어나는 꽃은 향긋한 꽃냄새와 달콤한 꿀맛으로 벌, 나비와 정분을 나누며 꽃씨를 준비한다. 벌, 나비가 겨울잠을 자는 동안에 피는 동백꽃은 겨울새들 특히 동박새들의 놀이터가 되어준다. 그리고 가지 사이에 기생하는 먹잇감을 내어주면서 꽃씨를 준비하는 공생현장을 이룬다. 동백꽃들의 밝은 웃음과 동박새들의 즐거운 지저귐이 어우러진 겨울 마당에 젊음의 활기가 출렁인다.

젊음의 활기 하면 떠오르는 영상이 있다. 영하 이십 도도 넘는, 하얀 눈이 수북하게 쌓인 전방에서 초록빛 군복을 입고 당당하게 초소를 지키는 군인들의 모습이다. 얼마나 춥고 고생이 많으랴마는 항상 부리부리한 눈빛과 씩씩하고 힘찬 목소리로 나라를 지키는 그 젊음의 패기는 언제 보아도 사랑스럽다. 봄, 여름과 같은 안온한 자리가 아니어도 불평하지 않고 겨울 한파와 추위를 견디며 국방의 의무를 다하는 그들 덕분에 우리는 평화로운 일상을 누리고 있다. 너무나 자랑스럽고 듬직한 젊음의 기상이다.

동백꽃 한 송이가 땅에 떨어진다. 톡~ 하는 소리가 들리는 것 같다. 아직도 곱고 싱싱한데 아쉽게 떨어진다. 떨어지는 것이 죽음임을 알고 있을까. 죽음임을 알면서도 미련 없이 떨어지는 것의 의미는 무엇일까. 죽음의 길목에 들어서는 모습치곤 너무 깔끔하고 아름답다. 떨어진 동백꽃 송이를 예쁜 유리그릇 안에 띄워놓고 그 처연한 아름다움을 감상하노라니 잘사는 것과 잘 죽는 것을 참 잘하고 있다는 생각이 든다.

문득 잘 죽는 것(well dying)에 대한 강의를 들으며 메모해 두었던 글귀– 죽음은 삶에 대한 성적표이자 완결이다. 한 사람의 삶이 진정 훌륭하게 완성되려면 잘 먹고 잘사는 만큼 죽음 또한 평온하고 존엄해야 한다. … 이제부터 당신의 손과 머리, 가슴과 영혼으로 존엄한 죽음을 디자인할 때이다. – 가 생각난다. 죽음이란 아직 먼 거리에 있는 것이라 여기며 아무런 준비도 하지 않고 있는 자신에게 놀라며 마음 한구석에서 작은 파문이 일어난다.

땅 위에 떨어져서도 며칠간은 예쁜 모습 그대로 쉬어 갈 동백꽃들과 함께 겨울 마당을 지키라고 꽃배추 대여섯 포기를 사 왔다. 꽃배추를 심으려고 살포시 언 땅을 파려다가 깜짝 놀랐다. 차가운 겨울 흙속에 꿋꿋하게 살아 있는 나무뿌리와 생명체들. 죽은 듯 보이는 땅속에는 새로운 잉태를 위하여 생기 왕성한 활동이 계속되고 있음을 미처 생각하지 못했다. 자연의 위대한 섭리 앞에서 표면적인 사물에 집착하는 사람들의 감성은 얼마나 사소한 것인가. 겨울한파 속에서도 눈에 보이지 않는 생명의 끈이 연결되어 있음을 모르고 땅 위에 보인 죽음 자체에 너무 무거운 감정이었음이 무안해진다.

현관문에서 대문까지 고작 대여섯 발, 양 담벼락 사이는 열댓 발에 불과한 우리 집 앞마당이다. 정원이라 이름 할 수도 없고 텃밭이라 할 수도 없다. 그래도 이 작은 마당에 정이월까지는 동백꽃과 꽃배추가 피어 있어 추위에 떨면서 움츠리고 드나드는 우리 가족에게 상큼한 웃음을 선사해 준다. 그리고 삼월부터는 다양한 종류의 꽃들이 다달이 다른 모습으로 피어난다. 어느 꽃이든 아름답지 않은 것이 없다. 꽃이 피고 지면 어김없이 열매를 맺는다. 먹을 수 있는 열매도 있고 씨받이만 되는 열매도 있다. 달마다 피고 지는 꽃들을 보면서 우리의 삶을 되돌아보고 또 내일을 생각한다.

행복하게 잘사는 노력과 함께 편안하게 죽는 삶도 같이 준비하라는 눈짓을 보내면서 우리 집 마당에는 달마다 새로운 꽃이 피어난다.

2009. 1. 9.

제3부
덕유산 반딧불이

벽壁

시골의 초가집 벽은 흙과 짚을 뭉개어서 만들었다. 올망졸망한 방들은 흙도배를 하고 벽지를 발랐다. 흙벽은 겨울에는 은은한 온기로, 여름에는 서늘함의 정취를 풍겨주었다. 하루 일과를 마친 밤이면 가족들은 편안한 자세로 둘러앉아 서로 소식도 나누고, 으스스한 전설을 들으며 놀라기도 하고, 알쏭달쏭한 수수께끼로 웃음을 터트리기도 하였다. 해마다 세밑이 되면 헌 벽지 위에 새 벽지를 덧발랐다. 헌 벽지는 한 해 동안 가족들이 나눈 말들을 고스란히 감싸 안고 행여 벽에서 떨어질세라 찰싹 달라붙어 있다.

벽에는 가족들의 자랑스러운 사진들이 줄줄이 걸려 있다. 자녀가 받은 상장들, 학사모를 쓴 사진과 결혼사진, 첫 손자를 자랑하고 싶은 벌거숭이 백일사진도 걸려 있다. 봄나들이나 단풍놀이의 만족한 웃음도 걸려있다. 날마다 가족들의 대화를 듣고 간직하는 벽은 세월이 갈수록 돈독한 가족애를 품으며 점점 더 두터워졌다. 간혹 손때가 묻고 찢기어진 벽지는 오빠들이 보던 헌 책의 낱장으로 땜질을 하였다. 벽지로 붙여진 헌책의 내용은 좀 어려웠지만 그래도 그것을 읽으며 마음속에 작은 꿈의 씨앗이 심어졌다. 그 꿈을 이루기 위하여 시골을 떠나 도시에서 유학과정을 거쳐 직장생활을 하였다.

도시에 차린 신혼살림 집의 벽은 시멘트벽이었다. 혼수 비용으로 보내온 돈을 전세방 얻는 데 다 지출하고 세간을 마련할 돈이 없었다. 궁여지책으로 시멘트벽에다 여러 개의 못을 박았다. 횃대를 걸고 횃대보를 덮어 장롱을 대신하였다. 화장대 대신 벽걸이 거울도 걸었다. 선반도 만들어 가벼운 물건도 올리고 책꽂이로도 사용하였다. 자칫 초라하였을 신혼생활을 아기자기하게 지낼 수 있었던 것은 못질 당하는 아픔을 참아낸 벽 덕분이라 생각한다.

헝가리의 겔러르트(Gellert) 언덕 위에 있는 성벽에는 전쟁 때 받은 수많은 총탄의 자국이 그대로 남아 있다. 전쟁의 참혹함을 잊지 말라는 의미로 수선하지 않는다고 하였다. 누군가를 위해서는 미화시켜버리고 싶은 국사의 자국일 수 있겠지만 오히려 흉한 모습 그대로 두었다. 그곳이 국민에게 애국과 국력 신장의 의욕을 더욱 고취할 수 있는 교육 현장이라는 데 수긍이 간다. 그 총탄 자국을 보면서 우리의 철의 장벽이 떠올라 마음 한구석이 무거워졌다. 산마다 고을마다 무수하게 쏟아졌던 총탄 자국은 자연 속으로 흔적도 없이 사라져 버렸는데, 아직도 세계 유일의 분단된 국가로 남아 보이지 않는

총부리는 언제까지 서로를 겨냥하고 있을 것인지.

오스트리아를 여행할 때였다. 창밖으로 지나가는 벽면에 이상한 표식이 눈에 띄었다. 하얀 벽면에 그림도 아니고 글도 아닌 것 같은데 어떤 음산한 느낌을 풍기며 검은색으로 흩날려진 것이 무엇일까. 상반되는 정권에 억눌렸던 울분의 감정을 자기만의 표출방식으로 발산한 버블 페인팅(bubble painting)이라고 가이드가 설명해 주었다. 설명을 듣고 보니 흑백논리로 엇갈린 아픔의 흔적이 그 벽면에서 부글거리고 있는 것처럼 느껴졌다. 그래도 누군가가 주체할 수 없었던 그 감정을 어떤 격식도 없이 마구 표출하였던 하나의 손놀림이 이제는 미술계의 한 장르를 이루었다니 다행이라 할까.

'돌을 차면 제 발부리만 아프다.'는 속담이 있지만, 벽을 치면 막혔던 감정이 통하게 되는가 보다. 대부분 사람들은 울화가 치미는 일이 생기면 벽으로 달려가 발길질을 하고 주먹질을 한다. 그러다가 결국에는 벽면에 기대어 눈물과 콧물이 범벅된 감정을 추스르게 된다. 그런 사람들의 속성을 다 알고 있다는 듯이 벽은 언제나 든든한 버팀대가 되어 그 자리를 지키고 있다. 시공을 초월하여 숨김없는 모습 그대로 시대적 의미를 전달해 주는 벽이 있어 역사의 흐름은 연속성을 이룬다. 그래서 통곡의 벽에는 세기世紀를 달리하면서도 통곡을 토로하는 사람들의 행렬이 계속되고 있나 보다.

예나 지금이나 수용소 벽에는 수인들이 품고 있는 한 가닥 소망의 꿈이 필사적인 방법으로 새겨져 있다. 그 흔적들을 볼 때마다 삶의 의미가 가슴 찡하게 느껴진다. 어떠한 방식으로든 살아온 흔적들을 남기고 싶어 하는 인간의 속성이 고대에는 벽화를 그렸을 것이고, 현대에는 자서전이나 전기傳記를 쓰는 것이리라. 그러고 보면 자서전이나 전기는 움직이는 벽이라 할 수 있겠다. 움직이는 벽이 있어서 무언가에 갈증을 느끼는 현대의 사람들은 동서고금을 왕래하는 해법으로 목마름을 달래기도 한다.

그런가 하면 사람들의 마음속에는 미움과 사랑의 양면성을 띤 크고 작은 벽을 쌓고 허물기도 하면서 살아간다. 오해와 갈등으로 생기는 미움의 벽을 쌓으면 벽에 부딪친 단절된 생활로 답답함만 가중될 것이다. 이해와 사랑으로 주춧돌을 세운 벽을 쌓으면 서로에게 든든한 방패막이와 버팀대가 되어 활기찬 나날이 되겠지.

어떤 벽을 쌓으며 살든지 간에 날마다의 생활은 인생의 벽화에 한 장면으로 그려져서 역사를 이어가는 한 단락으로 남겨지리라.

2009. 8. 수필과비평 등단 작품

덕유산 반딧불이

밤새 주룩주룩 굵은 빗줄기가 계속된다. 설치는 잠결에 걱정이 인다. 혹 하수구가 막히지는 않을까, 나뭇가지와 꽃가지들이 상하지는 않을까. 날이 밝는 대로 마당에 나가 본다.

키다리 원추리꽃이 황금빛으로 더욱 산뜻하고 싱싱하게 웃고 있다. 세상 살아가기 어렵다고 우는소리, 불평일랑 하지 말고 폭우를 즐기며 더욱 생기를 얻을 수 있는 삶의 비결을 배워보라고 의기양양하다. 문득 덕유산 상봉자락을 온통 노랗게 물들여 놓고 생글생글한 미소로 우리를 맞아주던 원추리꽃들이 생각난다.

어느 해 여름방학 때 아이들과 함께 덕유산을 올랐었다. 땀을 뻘뻘 흘리며 지친 몸으로 산장에 도착하니 벌써 어둠이 깔리는 시간이었다. 저녁을 먹고 일찍 자리에 누워보았으나 많은 사람의 술렁이는 흥분 속에 잠을 이룰 수가 없었다. 우리는 바람을 찾아 밖으로 나왔다. 산장 밖은 온통 먹칠을 해 놓은 듯 길도 안 보였다. 그이가 앞장서 가며 손전등을 비춰주는 데로 조심스럽게 걸어가 산등성이에 앉았다.

갑자기 타임머신을 타고 어느 고대 사회로 되돌아간 듯, 현대문명의 소용돌이에서 벗어난 원시적 생활의 편안함이 이런 것일까. 지나온 과거가 다 지워져 버리고, 텅 비어버린 것 같은 마음속에 새롭게 채워나가고 싶은 꿈은 무엇일까.

"아빠, 너무 깜깜해서 아무것도 안 보이는데요." 방학 때마다 힘들게 등산을 강행하는 아빠에 대한 아들 녀석의 불만스러운 표현이 잠깐의 침묵을 깨트린다.

"우리 별자리 찾아볼까?" 관심을 돌리려 무심코 꺼낸 말에 모두 하늘을 향하여 고개를 젖힌다.

"아!" 네 사람의 입에서 동시에 탄성이 터져 나오며 할 말을 찾지 못한다. 달빛이 없는 까만 하늘도 저렇게 투명할 수 있구나. 다이아몬드보다 더 찬란하고 황홀하게 반짝이는 무수한 별들, 신비함의 극치이다. 하늘이 아니라 안방의 천장인 듯 그렇게 가까이 느껴지며 금방이라도 손에 잡힐 것 같아 모두 두 손을 하늘로 뻗쳐본다. 반짝이는 별 무리가 동화 속의 순수한 꿈으로 손바닥 안에 가득한 느낌이다.

우리는 더 많은 시야를 탐하며 풀밭에 벌렁 누워버렸다. 인간으로서는 도저히 만들어 낼 수 없는 저 장엄한 광경을 무엇으로 예찬

하리. 감탄과 흥분이 얽힌 감정을 어떻게 표현할 길이 없다. 투명한 밤하늘을, 하늘 속에 이렇게 무수한 별들이 크고 밝게 비치며 손에 잡힐 듯 가까이 있는 신기함에 환호하는 아이들의 목소리도 별빛만큼이나 영롱하다.

쏴~아, 시원한 바람이 파도소리인 양 밀려오면서 땅 위의 풀밭을 스치고 지나간다. 바람 불어주는 대로 쏠리는 풀들이 비단결처럼 부드러운 물결을 일으키며 우리의 눈길을 끈다. 하늘만 바라보지 말고 이 수풀 속에 숨어있는 덕유산의 태곳적 비밀도 찾아보라는 듯.

"엄마, 풀 속에도 별들이 있어요." 딸아이의 기이한 표현에 수풀 속을 살핀다. 어머나, 반딧불이다. 어쩜 하늘의 별만큼이나 많은 반딧불이 수풀 속에 숨어서 반짝이는 빛은 어느 멋진 촛불 축제를 연상케 한다.

'반딧불로 별을 대적하라.'는 속담이 있다던가. 하늘에서 찬란한 별빛을 자랑하느냐, 이곳 수풀 속에 있는 반딧불이의 반짝임이 더 환상적임을 모르느냐고 뽐내며 꽁무니를 흔들어대는 개똥벌레들의 황홀한 변신에 감탄을 보낸다. 반딧불이 불빛을 처음 보는 아이들도 이 기쁨과 감동을 오래오래 간직할 것이다.

하늘 위의 별빛과 수풀 속의 반딧불로 인하여 깜깜하던 시야가 신비스럽게 밝아 옴을 느끼며, 반딧불에 얽힌 옛이야기들을 들려주는 그이의 말소리에 현장 학습의 효과를 만끽하는 흐뭇함이 역력하다.

뉴질랜드 여행의 스케줄에 빠지지 않는 '와이토모 반딧불이 동굴'

을 관광한 적이 있다. 버스로 몇 시간을 달려가 줄 서서 기다리다 보트를 타고 들어갔다. 숨죽이며 엄숙하게 가이드의 손끝을 주시하던 반딧불이 관광, 동굴 속의 신비함과 반딧불의 조화를 현란한 아름다움이라 찬사를 보냈었다. 그러나 하늘의 별빛과 대적하는 듯 찬란하고 황홀하게 빛나던 덕유산의 반딧불이와는 비교할 바가 못 된다는 생각이 들었다.

요즈음 덕유산 반딧불이 축제가 해마다 열리고 있다고 한다. 인터넷으로 살짝 훔쳐본 소감으로는 사람들의 흥겨운 축제 행사에 자연환경이 더 많이 훼손되지 않을까 염려되는 마음이다. 덕유산이 자연 그대로의 아기자기한 아름다움을 잘 간직하여 세계적인 관광 명소로 발전하기를 기대해 본다.

이제는 손자들까지 데리고 덕유산 그 아늑한 산자락에 다시 오르고 싶다. 그러면 그해, 그렇게 찬란하게 빛나던 그 별들과 반딧불이들을 다시 만날 수 있을까.

2007. 7. 11.

미국 여행기 1

덜커덩거리던 기체가 찌지직 마찰음을 내더니 드렁드렁한 굉음을 지르며 팔을 들어올린다. 내 심박동도 불규칙하게 콩닥거린다. 허공에서 잠시 휘청거리던 기체가 어느 순간 껑충 뛰어올랐다. 기체와 나는 이제 한 마리 커다란 새가 되어 고고하게 창공을 날아간다. 검은빛은 전혀 없고 오직 쪽빛 하늘과 밝은 태양 그리고 하얀 구름으로 펼쳐지는 동화 속 나라를 바라보는 황홀함이다.

4월 20일 오후, 드디어 뉴욕에 도착하였다. 케네디 공항이나 뉴욕시가가 낯설지 않은 것이, 우리나라 것에 대한 우월감 때문이라면 지나친 생각일까. 아직 여행기분을 낼 수는 없다. 곧장 숙소에 들어와 여장을 풀고 단복으로 새로 맞춘 한복을 손질한다. 긴장이 풀리지 않는다. 내일 '카네기 홀'에서 있을 공연을 생각하며 첫날밤을 뒤척인다.

백여 년의 역사를 자랑하는 '카네기 홀.' 평범한 외장과는 달리 고풍스러운 화려함과 단아한 위엄이 있다. 그 장구한 역사와 명성을 생각하니 두렵고 떨리는 마음, 내 감히 이 무대에 설 자격이 있던가. 걷잡을 수 없는 흥분과 떨리는 감정을 가라앉힐 수 있는 힘은, 오직 높이 계신 그분만을 생각하며 찬양을 부르는 것이다. 카네기 홀의 높다란 천장에 걸린 둥그런 조명장치. 거기로부터 은은하고 우아하게 조명되는 빛으로 온기를 느낀다. 가슴 뭉클한 감회로 젖어드는 눈시울이 객석의 교민들에게 전달되었는지 저들의 눈에도 이슬이 맺히는 것 같다. 출연자와 청중이 모두 감격에 젖어 공연이 예정보다 지연되는 줄도 몰랐다. 서둘러 돌아오는 늦은 밤, 뉴욕시의 화려한 불빛은 하늘의 별보다 더 많이 반짝거렸다.

삼 일째는 뉴욕 시내를 관광하였다. 숙소가 뉴저지 주에 있어 허드슨 강을 가로지르는 '조지 워싱턴 브리지'와 '링컨 해저터널'을 오가며 그 역사성에 대한 설명을 들었다. 백여 년이 넘도록 옛 모습 그대로를 유지하고 있다는데 미국다운 저력이 느껴졌다. 워싱턴 광장, 뉴욕대학, 타임스 스퀘어, 브로드웨이 5번가, 월가 등을 버스 안에서 설명을 들으며 눈요기만 하였다.

초고층빌딩과 주택단지, 거미줄같이 뻗쳐있는 도로 사이에 대규모의 묘지가 그대로 자리하고 있는 것도 이색적이다. 금싸라기 같은 땅일 텐데. 과거와 현재와 미래가 함께 어우러져 생활하며 발전하는 도시라서 세계 최대도시로 부상되는 것일까. 성 페트릭 성당에서 잠시 점 찍고, 유람선을 타고 자유의 여신상과 눈인사를 나누었다.

엠파이어스테이트 빌딩의 견고하고 화려한 건축역사를 보면서 미국인들의 자부심에 고개가 끄덕여진다. 팔십육 층 전망대에서 내려다본 뉴욕 시. 빌딩의 숲으로 이어지는 맨하탄, 도시 좌우로 흐르는 허드슨과 이스트 강, 센트럴파크의 광활함에 또 한 번 놀라지 않을 수 없었다.

유엔 본부에 들러 반기문 유엔사무총장 앞에서 어깨를 으쓱거리며 사진촬영을 하였다. 그곳 방명록에 자랑스러운 우리 한글로 다녀간다는 흔적도 남겼다. 이 뿌듯한 기분! 오늘 밤에는 시차에도 적응하며 잠을 잘 수 있을 것 같다.

사 일째. 델라웨이 주를 경유, 워싱턴 D.C에 도착하여 시내관광을 하였다. 깔끔하게 단장된 간선도로와 가로수의 연초록빛 향연이 부강한 나라를 더욱 돋보이게 한다. 풍성한 수림과 드넓은 잔디밭을 펼치며 하얗게 둥근 모습으로 우뚝 솟아있는 국회의사당에 비하여 백악관은 아담한 저택과 같았다. 그래도 저택의 위력이 더 세계적이기 때문일까. 빨간 테이프로 입을 봉한 사람들이 빨간 글씨의 피켓을 들고 시위를 벌이고 있다. 이민자들 같은데 어떤 억울함인지 모르겠지만 시위의 효과가 있기를 빌어 본다. 제퍼슨 기념관과 자연사박물관, 링컨 기념관을 거쳐 '한국전 참전비'가 있는 곳에 도착하였다.

그곳에는 우리나라의 지형을 모방한 한 뙈기의 밭과 같은 지면에 참전 모습 그대로의 군복과 무기를 소유한 열아홉 상의 군인들 조각이 세워져 있었다. 벽면에는 기타 참전 용사들의 얼굴이 금방 동영상이라도 연출될 것 같은 모습으로 비쳐지고 있었다. 육십여 년의 세월이 지났어도 이십 대의 풋풋한 표정이다. 전쟁의 두려움을 무릅쓰고 전쟁의 자리에서 죽어간 그들 앞에서 떨리는 마음을 금할 수가 없었다. 은혜를 받은 자의 빚진 마음인가. 고맙고 미안하다는 말을 되뇌며 자꾸만 눈물이 흘러내린다. 뒤돌아 오는 발걸음이 무거워서였나, 정한 시간을 어긴 대가로 벌금을 물었다.

오 일째. 새벽 다섯 시에 일어나 서둘러서 짐을 챙기고 워싱턴 주를 출발하였다. 펜실베이니아 주를 거쳐 나이아가라 폭포로 가는 길이다. 뉴욕이나 워싱턴과는 달리 광활한 농경지대가 펼쳐진다. 이 얼마나 광대한 나라인가. 한 주州를 지나가는데 버스로 여덟 시간이나 걸린단다. 장시간의 여행을 위로하려는 것인가.

어둠을 벗겨 내며 빛으로 태어나는 새로운 하루. 갓밝이의 동녘 하늘은 바다를 닮은 모습으로 지평을 감싸 안으며 양수를 터뜨렸나 보다. 양수 속에 빨간 이슬*이 번지어 가듯, 그렇게 엷은 핏물을 흘리며 희부옇게 산고의 시간이 흐른다. 삼십여 분의 진통을 겪던 하늘이 드디어 새벽을 깨운다. 지평선 위로 솟아오르는 태양의 그 장엄함에 감탄의 함성이 터져 나온다. 정금같이 연마된 홍보석 같은 태양. 너무 눈부시어 감히 바라볼 수가 없다. 다만 감격에 넘친 우리는 '주 하나님 지으신 모든 세계 ~ 주님의 높고 위대하심을 내 영혼이 찬양하네.'라고 찬양을 부를 수밖에. 암기력이 출중한 서 권사님의 시편 19편의 낭독에도 찬사의 박수를 보내고.

버스는 계속 달린다. 가이드로부터 미국 역사에 대한 지식들을 새롭게 듣는다. 이민자들의 애환이 담긴 유머에는 폭소를 터뜨리면서도 마음 한구석에는 찡한 앙금이 끼는 것 같다.

우리나라와 같이 고속도로 간간이 휴게소가 있으면 좋으련만, 다급한 생리현상을 조마조마한 기분으로 맥도날드의 눈치를 살펴야 하는 것이 부담스러웠다.

2010. 5. 5.

*이슬 - 분만의 징후로 보이는 붉으스름한 액체.

미국 여행기 2

드디어 나이아가라 폭포에 도착하였다. 서둘러 뱃머리로 가서 우비를 받아 입고 '안갯속의 숙녀호'라는 배에 승선하였다. 모두 똑같은 우비를 입었으니 우주여행을 떠나는 복제 인간이 된 기분이다. 파란 강물은 고운 색깔과는 달리 거친 물살을 일으키며 배를 밀어내다가 관광객들의 함성에 못 이기는 척 길을 내준다. 풍풍거리는 소리가 점점 더 크게 들린다. 와,~ 이것이 과연 폭포란 말인가. 미국 쪽에 있는 두 개의 폭포이름은 '미국 나이아가라'와 '신부의 면사포'이고, 캐나다 쪽은 '말발굽'이라 부른다.

하늘을 가르는 우렛소리인가. 지축을 흔드는 말발굽 소리인가. 소리의 근원을 향하여 고개를 치켜든다. 까마득히 높은 곳에 세모시 옥색 치맛자락을 펼쳐놓은 것 같은 고운 물빛이 눈에 들어온다. 낭떠러지 절벽에서 파드득거리던 물줄기가 세차게 곤두박질치면서 떨어진다. 옥색 고운 빛은 산산이 흩어지며 하얀 물줄기로 쏟아진다. 하얀 굉음을 지르면서. 하얀 치마폭 뒤집어쓰고 인당수로 뛰어내리던 심청이의 마음도 저렇게 하얀 포말이었을까.

강바닥이 놀라서 펄쩍 튀어 오른다. 천상과 지상의 소리가 만난 자연의 소리는 웅장하다. 하얗게 부서지는 자연의 소리 앞에 탄성이 터져 나온다. 강바닥의 저항에 튕기어져 나온 물방울은 하얀 물보라를 일으키며 다시 하늘로 향한다. 구름 기둥의 모습으로. 그러나 대부분의 물줄기는 옥색보다 더 고운 비췻빛으로 단장을 하고 낮은 곳으로 흘러간다. 폭포수의 높이와 펼쳐진 길이와 소용돌이치며 떨어지는 위력이 너무 경탄스러워서 성역처럼 느껴진다. 범인들이 감히 가까이 다가갈 수 없는 성역. 하여 일정한 거리를 두고 바라보는 것만으로도 황홀해하며 흠뻑 젖은 모습으로 폭포주위를 돌아 나왔다. 연상능력이 뛰어난 우리나라 사람들, '나이아가라,를 '나이야, 가라.'라고 외치고 있다.

국경에서 입국심사를 받고 캐나다 땅을 밟았다. 캐나다에서 바라보는 나이아가라는 그 웅장함과 위대함이 더욱 적나라하였다. 캐나다의 폭포는 말발굽이라기보다 만灣이라 불러야 할 정도로 광대하다. 강둑 이쪽에 있어도 폭포가 던지는 물방울은 옷을 적실 정도였다. 폭포 밑에서부터 솟구쳐 올라오는 물보라는 거대한 구름 기둥이 되어 캐나다 하늘로 솟아오른다. 출애굽기에서 읽은 불기둥과 구름 기둥이 연상된다.

해넘이가 가까운 시간이라 무지개는 볼 수 없었다. 그러나 나이

아가라 폭포에서 무지개를 자주 볼 수 있다고 한다. 행복을 상징하는 아름다운 무지개. 무지개가 아름다운 것은, 세상을 다시는 물로 심판하지 않겠다는 언약의 말씀을 기억하기 때문일 것이다.

육 일째, 오늘은 주일이다. 그동안의 여행기분을 차분히 가라앉히고 블라우스 단복차림을 하였다. 싱그러운 포도 향기가 느껴지는 '나이아가라 한인 교회'에서 교민들과 함께 예배를 드리며 '특별찬양'을 불렀다. 배꽃처럼 환하게 밝아지는 교민들의 표정에 우리 마음도 푸근해진다. 짧은 시간의 만남에 아쉬움이 크지만 다음 일정을 서두른다.

'세계에서 제일 작은 교회'로 등록되었다니 도대체 얼마나 작을까. 우리 집 옥탑방만이나 할까. 아하! 우리 입에선 묘한 탄성이 흘러나왔다. 이렇게 작을 수도 있나. 그저 앙증스럽게 생긴 예쁜 인형의 집이라 해야 하겠네. 덩치 큰 사람은 들어갈 수도 없겠다. 나 정도의 사람 대여섯 명쯤이 웅크리고 앉아야 할 것 같은 크기이다. 그러나 크기에 상관없이 교회로서의 사역을 시무하신다니, 얼른 재잘거리던 입을 다물고 마음을 여민다.

위대한 모든 것도 가장 작은 것으로부터 시작되는 것 아닌가. '겨자씨 비유'를 들어 하나님 나라를 가르치던 예수님의 말씀이 떠오른다. 조그마한 농촌 마을인 노스캐롤라이나에서 '작은 부흥이 일어나기를 기도'했는데, 세계적인 부흥 설교자 '빌리 그레이엄' 목사의 사역이 시작되었다고 한다. 세계에서 제일 작은 이 교회가 세계에서 가장 위대한 일을 감당하기를 기원한다.

다시 미국의 뉴욕 주로 가기 위하여 나이아가라 강을 따라갔다. 굽이굽이 흐르는 강물은 가는 곳마다 색다른 풍광을 보여주었다. 특히 강물이 꺾여 돌아가면서 소용돌이치는 '월 풀'이 비췻빛 물꽃을 만들어 내는 장관은 아찔한 경이로움이었다.

캐나다는 우리를 보내기 싫었던가. 소리 없이 봄비가 내리는 가운데 국경에 도착했다. 하룻밤 자고 나오는 길이니 입국심사는 간단할 것이라는 가이드의 말과는 달리 우리 모두는 검문소 안으로 불려갔다. 회색빛으로 우중충하게 느껴지는 실내 분위기였다. 심각한 표정의 청년 2명은 심사를 하고, 나이가 좀 들어 보이는 2명은 서류를 뒤적이고 있었다. 잘못한 것 없어도 검열관 앞에서는 주눅이 들고 긴장되기 마련이다.

모두 숨죽이며 자기 차례를 기다리다가 내 차례가 되었다. '우리 아들보다 더 어려 보이는데 뭐.'라는 생각을 하며 나는 태연한 표정으로 여권을 내밀었다. 여권을 뒤적이며 나를 힐끗 쳐다보던 검열관, 왜 똑같은 블라우스를 입었느냐고 묻는다. 성가대원들이라 대답했다. "성가대원들?"하고 반문하더니 한 곡 불러 보란다. 깜짝 놀라서 여기서 지금 부르라는 말이냐고 반문을 했더니, 그렇단다.

검문소에서 찬양이라. 나는 남아있는 단원들에게 급히 설명을 하고, 지휘도 반주도 없이 우리는 찬양을 불렀다. 갑작스럽게 부르는 찬양이었지만 6개월 동안이나 준비해 온 실력이 아닌가. 언제 긴장이나 했었느냐는 듯 단원들은 금세 즐거운 표정으로 찬양을 불렀다.

'주여, 꽃처럼 향기나는 나의 생활이 아니어도~' 찬양의 소리는 아름다운 향기가 되었나 보다. 검열관들의 얼굴이 부드럽게 밝아지며 싱긋하게 미소를 짓는다. 품위 있게 손뼉을 쳐준다. 오! 찬양할 수 있는 이 기쁨과 감사. 남은 검열은 술술 통과되었고, 버스는 알바니를 향하여 여섯 시간을 또 달렸다.

칠 일째. 여행길에서 가장 번거로운 것 중의 하나는 하룻밤을 위하여 짐을 풀고 아침에 다시 짐을 꾸려 또 떠나는 일이다. 알바니에서 잠만 자고 다시 세 시간을 달려 보스턴에 도착하였다.

메이플라워 호의 정착지, 독립운동의 발상지, 교육의 중심지인 보스턴에 대한 미국인들의 자부심은 대단하다고 한다. 우리는 하버드와 MIT 대학을 견학하였다. 대학 전체를 둘러볼 수는 없었지만, 교사校舍들이 아담한 가정집처럼 보여서 평화스러운 마을을 둘러보는 느낌이다. 어느 건물 한편에 세워진 하버드 씨의 동상 앞에서는 사진촬영이 계속된다. 자기 가문에서도 하버드대학의 석학이 날 수 있기를 희망하는 손짓들이 동상의 발등에 반짝거리는 광채를 내고 있다. 로마에서 본 베드로 사도의 발등처럼.

MIT 대학의 한 전시실에 자리하고 있는 '충무공 이순신 장군의 거북선'을 보니 핑그르르 눈물이 인다. 대한민국의 국민인 것이 자랑스럽다.

독립운동의 격전지였던 벙커힐 타운을 시민공원으로 가꾸고 있음이 부럽다. 이봉조 선수가 달렸던 마라톤 코스의 종착지인 튜리니티 교회 앞을 거쳐, 보스턴 코먼, 퀸시 마켓 등을 둘러보았다. 우리의 대학과 석학들도 보스턴에 있는 대학들과 같은 대열에서 인정되기를 희망하면서 다시 뉴욕으로 향하였다.

남은 이틀은 귀국하는 데 걸리는 시간이다. 대륙이다 보니 이동하는 데 많은 시간이 걸렸다. 그리고 다시 열서너 시간을 구름 위에서 지내야 한다. 그러나 떠나올 때의 두려움과는 달리 '나는 행복해요 사랑이 샘솟으니~'라고 즐겁게 찬양을 부르며 돌아올 수 있었다.

2010. 5. 5.

국제조산사협의회(I. C. M.) 참관기

입국절차를 마치고 대기 중인 버스에 오르니, 남자답지 않게 수줍은 미소를 띤 현지 안내인이 '쌈바끼다꽃 목걸이'를 걸어준다. 강렬한 이미지의 꽃 이름과는 달리 은은한 향기가 잔잔하게 스며든다. 도심의 매연도 아랑곳하지 않고 푸르고 싱싱하게 원색의 화려한 꽃들을 자랑하는 가로수들이 이색적이다. 대중교통으로 사용되는 지프니 차에 펄럭이는 신앙적인 글귀들(Christ is our saviour, God bless our way 등)에 빙긋한 웃음이 나온다.

점만을 찍더라도 여러 곳을 답습해야 직성이 풀리는 한국형 관광 버릇 때문일까. 짐도 풀지 않고 이른 점심식사를 한 후 바로 시내 관광길에 나섰다.

먼저 스페인 통치 시절의 총독관저였다는 '산티아고 요새'로 갔다. 튼튼한 성곽으로 둘러싸여 꽤 호화로웠을 저택은 밀실과 비밀통로, 넓은 정원과 연못, 야외공연장까지 갖추어졌다. 그러나 주권이 바뀌는 시점에서 투쟁의 흔적으로 남은 총탄구멍이 벽면에 그대로 남아 있어 섬뜩하다. 특히 스페인 정권에 대한 저항흔적, 중국인과의 생존권 대립의 혈투, 일본의 압제 시절에 당한 포로학살 장 등의 역사적인 아픔들이 고스란히 담겨 있다. 총독관저 감금실에서부터 출입문까지의 길에는 처형장으로 끌려가던 '호세 리잘(Dr Jose Rizal)'선생의 맨 발자국이 길게 새겨져 있어 뭉클한 감정이 인다. 현재는 필리핀인들이 가장 존경하며 정신적 지주가 되는 '호세 리잘' 선생의 유품이 소장된 박물관으로 자리하고 있다.

호세 리잘 선생의 발자국을 따라 나와서 다시 버스를 타고 '호세 리잘 공원'으로 갔다. 선생이 처형당했던 곳을 중심으로 그 주변을 의미 있는 공원으로 조성하였다. 처형당했던 장소에는 형틀과 돌무더기가 을씨년스러운 모습 그대로 전시되어 있고 그 앞에 선생의 커다란 동상이 세워져 있다. 동상 밑에는 그의 유골이 안장되어 있다고 한다. 영국의 근위대처럼 입을 굳게 다문 해병대원 두 명이 부동자세로 지키고 있다. 시민에겐 공원이란 이름으로 데이트나 가족 나들이의 장소이면서 선생이 보여 준 애국심과 자긍심을 되새기는 교육의 장이 되는 곳이란다.

이어 '중국인 묘지'를 관광하러 간다고 한다. 공동묘지도 관광장소가 된다니 도대체 어떤 모습일까. 경주에 있는 왕릉처럼 웅장할까, 부산에 있는 'UN 묘지'보다 더 잘 조성되었을까. 그런데 뭐가 이래. 목적지에 도착했다는데 무덤은 보이지 않고 대형 버스가 교차

하는 시가지, 가로수가 울창한 양옆에는 크고 작은 집들이 즐비하다. 잘 정리된 정원수와 꽃들이 만발한 집이 있는가 하면, 빨래도 널려 있고 꼬꼬닭 우는 소리도 들리는데 여기가 '중국인 묘지'란다. 망자를 무덤 대신 집에다 모시는 풍습이라 한다. 망자를 모신 그 집을 상주하며 관리하는 사람은 주로 가난한 필리핀 사람들이라 하니, 이 또한 부한 자들이 베푸는 자선사업인가.

망자의 침상 밑에는 보화들이 감추어져 있다는 설도 있어 간혹 가난한 유학생들의 도심盜心을 불러일으키는 해프닝도 발생한다는 가이드의 설명이 진담인지 우스갯소리인지 아리송하다.

오후 여섯 시부터 늦은 밤까지 I. C. M 개회식의 축제가 시작되었다. 63개국에서 모여 온 1,000여 명의 간호 조산사들이 전통의상을 입고 환담을 하는 모임 그 자체만으로도 축제분위기이다. 참가국의 대표들이 각국의 국기를 들고 입장하면 관중석에서는 환성이 터져 나온다. 이사진들이 촛불 점화를 하는 동안 회중들은 손을 흔들며 함께 노래를 부른다. 다시 정숙한 분위기로 개회사, 축가, 축사와 시상식, 기조연설로 1부 개회식이 막을 내린다.

2부 순서로 저녁 만찬과 함께 친교를 나누고 이어 필리핀 전통 무용과 노래, 연극이 공연되었다. 놀라운 것은, 이 모든 순서의 공연자들이 모두 필리핀 간호조산사들이라는데 그들의 연기와 재능이 전문가 또는 연예인 못지않게 특출하였다.

우리 한복의 우아함과 태극부채의 화려함은 스위스나 아프리카 또는 일본의 전통 의상보다 더 인기몰이가 되었다고 하면 너무 과장

된 표현일까. 이 친구 저 친구들 다가와 함께 기념촬영을 하자고 손을 내민다. 축제가 파한 후에도 우리 꽁무니를 따라온 홍콩과 필리핀 친구들은 한복을 빌려 입고 포즈를 취하며 즐거워하는 표정이라니. 우리는 이미 한류 바람을 부추긴 것이라 자부해도 좋을까.

다음 날부터 사흘 간의 국제학술교류가 시작되었다. 주제 강연 'Safe motherhood beyond the year 2000'은 3개 국어(영어, 불어, 스페인어)로 동시통역 되었다. 자신의 어설픈 영어실력에 스스로 못마땅하지만 유인물이 있음에 마음이 놓인다. 우리나라의 국력도 어서 신장하여서 동시통역의 대열에 설 수 있기를 바라는 마음이 굴뚝 같다. 분야별 주제 발표와 질의응답은 14개 조로 분산되어 진지하고 열띤 분위기로 진행되었다. 회원들은 각자의 관심분야를 찾아다니느라 부산하였고 우리나라에서도 한 편이 발표되었다.

조산학助産學이란 공통관심사가 교과서로 공부하는 것은 동일한 것 같아도 국가적인 관습과 전통에 따라 다양한 의미와 차이가 있는 것 또한 흥미로웠고 참고할 내용도 많았음에 흐뭇하였다.

대회 마지막날 저녁, 신임 회장의 인사말과 함께 '필리핀 국제 컨벤션 센터'에서 열린 '제25차 국제 조산사 협의회(International Confederations of Midwives.)의 폐회식이 진행되었다. 때가 다하여 헤어질 수밖에 없는 아쉬운 마음들이 손에 손을 잡고 물결친다. 3년 후에 오스트리아 빈에서 다시 만나자는 약속을 하면서.

'Maraming salamat po'는 필리핀어로 '대단히 감사합니다.'라는 말이란다.

참으로 감사한 마음으로, 두 마리 토끼를 잡은 것처럼 즐겁고 유익한 해외나들이를 다녀왔다

1999. 5. 22.

설악산의 안개

서울까지 온 김에 설악산에 들렀다 가자는 남편의 제안으로 오색에서 하룻밤을 보냈다. 비가 내린다는 기상예보를 들으면서도 태평하게 아침을 먹고 김밥과 물 그리고 과자 봉지 몇 개를 사 들고 산을 바라보았다. 산은 여전히 웅장한 모습으로 넉넉하게 푸른 가슴을 열어준다.

아름다운 소리를 자랑하는 새들의 노랫소리, 나뭇가지 사이를 스쳐 가며 하모니를 이루는 시원한 바람소리, 두런두런 웅성거리듯이 흐르는 물소리가 정겹게 들린다. 벌 나비들은 비를 피해 어느 아늑한 곳에서 휴식을 즐기는가 보다.

빗줄기가 점점 굵어진다. 서너 시간 계속 오르니 뜸하게 만나던 등산객도 보이지 않고 우리 둘뿐이다. 겁이 나서 그만 하산하자고 하였으나 비 오는 날이 등산하기에 더 좋다는 남편의 대답이다. 어느 순간 빗줄기와 더불어 안개가 자욱해진다. 짙어지기만 하는 안개는 나무들도 산봉우리들도 다 삼켜버렸다. 하늘마저 보이지 않고 씽씽 바람 소리만 들리는데 온 천지가 안개 벽으로 막혀서 어디만큼 왔는지 분간할 수도 없다.

"아마 중청은 지났을 것이고 조금만 더 가면 대청봉일 거야. 거기 대피소에는 사람들도 있을 거야."라고 남편은 힘주어 말하며 오르기를 계속한다.

그러나 두렵고 떨리는 내 마음속에는 온갖 상념이 일어난다. 산이 노여워하고 있나 보다. 아무 준비도 없이 산에 오르는 무모함을 야단치는 것 같다. 회색빛 암울함이 밀려와 흑암의 세계로 변하는 것 같다. 어렸을 때 오빠가 들려주던 그 무서운 도깨비들의 심술이 금방이라도 나타날 것 같다. 두려움에 질린 마음이 절대자를 향하여 다급하게 기도를 한다.

기도의 응답인가. 강하게 불어오는 바람에 몸이 휘청거리는데 순간적으로 안개 벽이 흩어지며 뭔가가 보였다.

"대청봉이다." 흥분된 남편의 목소리다. 커다란 바위에 빨간색으로 새겨진 대청봉이란 글씨가 참으로 반갑다. 그러나 다시 자욱해지는 안개. 대피소도 보이지 않고 아무도 없다. 행여나 하는 마음으로 짙은 안갯속을 향하여 '야 ~ 호.'하고 소리쳐 보았지만 메아리도 없다. 대청봉 바위에 앉아서 김밥이나 먹고 내려가자며 여전히 거드름을 떠는 그이가 당당해서 안심이 된다.

휘운각을 목표로 하산을 서두른다. 계속 길을 내 주지 않는 안개 때문에 그저 코앞만을 주시하며 발걸음을 옮긴다. 빗줄기가 다시 내리고 있어도 안개는 그저 동행을 고집한다. 좁은 등산길 양옆에 촘촘히 둘러 서 있는 나무들이 반갑다고 젖은 손을 내민다. 우장을 입었어도 이미 옷은 다 젖어버렸다. 몸에 한기寒氣를 느낀다. 배낭 속에 있는 것을 다 뒤져 보아도 입을 만한 것은 없다. 장갑 대용으로 과자 봉지를 끼워 본다.

어인 일일까. 2시간이 훨씬 넘게 하산을 하는데도 휘운각은 보이지 않고 산세는 더욱 험해지는 것 같다. 혹시 길을 잘못 들은 것이 아닐까 하고 걱정이 되면서도 어느 산악회에서 매달아 놓은 꼬리표가 간간이 보여서 그나마 위안이 된다. 다시 두세 시간을 걸었는데 아직도 깊은 산속이다. 비에 흠뻑 젖은 몸, 무거운 다리, 춥고 배도 고픈데 먹을 것도 없다. 그래도 지친 내색을 하지 않으려 애쓴다.

"다른 길로 내려왔다 해도 이제 거의 다 왔을 거야. 저 소리 들리지?" 사람 소리인가 자동차 소리인가. 두런두런하는 인기척 소리가 들리는 것 같다. 조금 안심이 되어 다리에 힘을 내 본다. 그러나 또다시 시작되는 오르막길 앞에서 그이의 마음이 다급해졌나 보다. 시계는 어느새 하오 5시를 가리키고 있다. 거의 내려온 것 같으니 지름길로 가자며 그이는 낙엽이 수북하게 쌓인 계곡 길로 들어간다.

몇 년 동안이나 썩지도 않고 겹겹이 쌓이기만 하였을까. 푸석한 낙엽들이 무릎 위까지 차오른다. 낙엽 밑의 바위는 미끌미끌하여 걸음을 제대로 옮길 수가 없다. 앞장서가던 그이가 연거푸 넘어진다. 그이가 넘어져 다리라도 다친다면 통신망도 없는 이곳에서 거구인 남편을 내가 업고 내려갈 수도 없고 어떡하나.

만약 이곳에서 우리가 실종된다면 우리 아이들은 고아가 되겠구나 하는 생각에 코끝이 시려온다. 지금은 등산경험이 아니라 마음의 평정이 중요한 것 같다. 자꾸만 넘어지는 그이를 설득하고 내가 앞장을 섰다.

'나는 갈 길 모르니 주여 인도하소서.'라는 찬송을 시작으로 연이어 다른 찬송들을 부르면서 발걸음을 옮겼다. 빗줄기가 조금 가늘어졌다. 다시 오르막길을 뻥 돌아 산허리 하나가 끝나며 내리막길로 들어섰다.

회색빛 짙은 안개와 검은 구름으로 얽혀 있던 하늘 한쪽이 갑자기 뻥긋 뚫리는가 싶더니 반짝, 밝은 햇살이 쏟아진다. 그 순간 높은 산자락 사이에 은빛 수려한 자태로 가늘고 길게 드리워진 두 개의 물줄기가 황홀하게 흘러내린다. 검푸른 표정으로 노한 하늘과 산 사이에 은빛 사랑의 나래로 감싸주는 한 줄기 밝은 햇살을 받으며 신비스럽게 쏟아지는 폭포수.

"아 ,독주폭포다." 기진맥진 헉헉거리던 그이가 소리친다. 우리는 산세가 너무 험하고 위험하여 폐쇄되어 버린 등산길을 헤매다가 독주폭포를 만난 것이다. 피곤으로 일그러진 두 얼굴에 환한 웃음이 지어진다. 하여 그 와중에도 사진기를 꺼내어 찰칵. 흠뻑 젖은 옷차림에 휑한 눈빛으로 지치고 구겨진 두 사람이 히죽이 웃고 있는 모습이라니! 독주폭포의 장관은 우리의 무모함을 용서해 주는 조물주의 선물로 느껴지며 마음이 평안해진다.

다시 내려가야 할 절벽 길. 거친 물살이 하얀 포말을 이루며 폭포라는 이름으로 벼랑길 아래 바위 위로 쏟아진다. 항우장사보다 센 물살의 힘은 바위를 깨고 깊은 웅덩이를 만들었다. 파랗게 질린 모습으로 웅덩이에 고였던 물살은 연이어 쏟아지는 물살에 밀리어 사방으로 흩어지며 숨을 고르다가 맑은 물줄기로 흐르며 또 작은 폭포를 만들며 떨어진다. 숨 막히는 순간들이 빚어내는 아찔한 장관에 감탄을 보낸다.

그러나 감탄만 하고 있기에는 날이 많이 저물었다. 녹이 슬고 군데군데 동강이 난 쇠줄을 잡고 푸들푸들 떨면서도 조심스레 움직이는 팔다리가 애처롭다. 서늘하다 못해 파랗게 질식되는 간담肝膽이 제 기능을 상실해 버릴 것 같은 찰나에 절벽길이 끝나고 평지에 다다랐다. 우리는 질펀한 바위에 펄썩 주저앉았다. 위험과 고통의 순간에도 함께하시는 위로의 손길이 느껴졌다. 둘이서 부둥켜안고 감사의 눈물을 흘렸다. 이미 긴 여름 해가 지고 어둠이 깔리는 시간이었다.

그동안 나는 까닭 없이 안개를 좋아하였다. 은은함과 부드러운 감촉이 좋았다. 그 하늘하고 불투명한 베일 속에 신비스런 꿈이 담겨 있는 것 같아서 더 좋았다. 안개 낀 등굣길의 산모퉁이를 돌아갈 때는 고개를 쳐들고 두 팔을 쫙 펼치고 킬킬거리며 달려나갔다. 베일 속에 숨어 있는 꿈을 잡으려는 몸짓으로.

그러나 설악산의 안개는 도도한 위엄이었다. 공포의 대상이었다.

위압적인 교훈이었다. 안갯속 같은 인생길에 삶의 좌표를 다시 그리게 하였다.

2007. 3. 30.

행복한 갈등

누구나 날마다 생활 속에 숨어 있는 다양한 모습의 갈등들로 망설임을 겪는 경우가 많을 것이다. 그리고 그 갈등들을 어떻게 소화하였는지 그 결과에 따라 보람과 만족 또는 후회와 자책감의 감정에 젖게 될 것이다. 갈등의 순간들을 후회하지 않을 만족한 결과로 산출해 내는 것이 살아가며 터득하게 되는 지혜라 했던가.

내게 있어 특별한 갈등 한 가지는 의료인의 면허를 받은 후부터 장거리 여행을 가게 될 때마다 느끼는 긴장과 두려움이었다. 행여 이 안(버스, 기차)에서 응급환자가 발생한다면, 아이가 태어난다면 어쩌나 하고. 하여 한동안은 약간의 응급처치용품과 멸균된 18합사* 와 가위를 소지하고 다녔었다. 그러나 이제 퇴직을 하고 떠나는 여행이니 그런 부담은 갖지 않아도 되겠지. 비행기 안의 좁은 의자에 앉아서 가는 14시간의 장거리도 지루함 없이 그저 들뜬 기분으로 즐겁기만 하여 잠도 잘 오지 않았다.

갑자기 '응급상황 발생. 의사나 간호사가 계시면 급히 양호실로 와 주시기 바랍니다.'라는 방송 소리가 들린다. 나는 반사적으로 자리에서 벌떡 일어났으나 선뜻 달려가지 못하고 두근거리는 마음속에 갈등이 인다. 임상에서 손을 놓은 지가 10년도 넘는데, 내가 시도할 응급처치가 도움되지 못한다면 어떡하나 걱정이 되었다. 그러나 휘청거리는 걸음을 서둘러 양호실로 향했다. 마음속에는 제발 심각한 상태가 아니기를, 누군가 먼저 와서 처치하고 있기를 열망하면서. 아, 감사하게도 하얗게 축 늘어진 여인 옆에 두 분의 남자분이 응급처치를 하고 있었다. 산소마스크가 대어졌고 문진問診을 시도하는데 거의 의식이 없나 보다. 서둘러 환자의 브래지어와 허리춤을 느슨하게 해주고 다리를 올려주고 손발의 마사지를 하는데 피부가 너무 찹찹하다. 보온을 위하여 담요를 부탁하고 수액 주사를 준비한다.

약품 및 의료장비의 구비 상태가 너무 미흡하다. '1960년대식 방법들을 동원하여 실핏줄 같은 혈관에 정맥주사를 시도하는 남자 선생님의 손이 떨리고 있다. 제발 성공하기를 바라는 간절한 마음으로 두 손을 모으고 가슴 졸였다. 그러나 그 가느다란 혈관은 연거푸 터져 버렸다. 그 남자 선생님 심각한 표정으로 세 번째 시도를 하려는데 "제가 한번 해 볼까요?"하는 말이 내 입에서 불쑥 튀어나오고 말았다. 눈이 마주치고 말없이 내게 주삿바늘이 건너왔다.

환자가 바닥에 누워 있으니 주사를 놓기 위해서 나는 자연 무릎을 꿇는 자세가 되었다. "아직도 여인의 혈관은 실핏줄 상태인데, 이 고공 높은 비행기 안에서 이 여인 죽으면 어떻게 해요. 하나님 도와 주십시오." 기도하는 마음으로 신중하게 주삿바늘을 삽입했다. 성공이다! 하는 소리와 함께 부산하게 움직이는 소리들이 들린다. 그러나 나는 미동도 하지 못하고 행여 혈관이 부어오르는 상태가 되면 어쩌나 하고 혈관만 주시한다.

한 방울 두 방울 수액이 들어가기 시작하고, 다행히 혈관은 부어오르지 않았다. 그렇게 수액이 한 200cc 정도 들어가니 회복의 기미가 보인다. 그제야 안도의 한숨과 함께 감사드리는 마음으로 어깨를 폈다. 여인을 안심시키고 뒷정리를 하며 구급 장비의 보완을 당부하면서 흐뭇한 보람을 느꼈다.

문득 30여 년 전 일이 떠오른다. 30여 명의 건장한 남학생들 가운데 여학생은 2명뿐이었다, 야근을 하고 받는 수업이라 몽롱한 상태인데 갑자기 강의실 분위기가 술렁인다. 학교 뒤 공사장에 한 인부가 흙더미 속에 묻혔단다. 당연히 남자들이 뛰어나갈 줄 알았는데 선뜻 나서는 남자가 없다. 아, 그들은 의료인이 아니지. 어떡하나 가슴 조여지는 갈등이 일고 잠시 망설이다 달려나갔었다.

흙더미 속에 한 노인이 묻혀 있었다. 흙들을 거두어 내도록 서두르고 보니 호흡이 없는 것 같다. 순간적으로 심폐소생술을 시도하였다. 재채기와 함께 노인이 숨을 쉬기 시작했고, 119 출동이 없던 시절이라서 노인은 들것에 실려 가까운 병원으로 호송되었다. 다행히 노인은 회복되었지만, 그 노인의 깡마른 모습은 이름 할 수 없는 아린 아픔으로 오랫동안 내 마음속에 남아 있었다.

홀가분한 마음으로 좌석에 앉으니 우리 아들 녀석 일이 생각난다. 장래 희망을 '유명한 외과 의사'가 되겠노라고 적어 낸 녀석. 생물 시간에 개구리 해부할 학생 나오라고 선생님은 말씀하시는데 아무도 나서는 친구가 없었단다. 마음속에 느껴지는 책임감과 갈등, 모두 자기한테 시선이 쏠리는듯하여 하는 수없이 자기가 나섰단다. 그 어설픈 개구리 해부를 마치고 유명한 외과 의사의 꿈을 접어 버렸다는 아들에게 의대醫大 진학만을 강요하지 않았음은 후회 없는 갈등이라고 할 수 있을까.

우리의 생활 속에는 많은 갈등과 유혹들이 도사리고 있다. 감정적인 것들과 물리적인 것들은 잘못되면 뉘우치고 용서를 구하고 다시 노력하여 새롭게 회복할 수도 있을 것이다. 그러나 인간의 생명 앞에서는 후회하는 결과란 절대로 용납될 수 없으므로 그 갈등의 무게는 아무것과도 비교할 수 없을 것이다. 천하보다 귀한 생명을 두고 예기치 않게 발생하는 응급상황이 있을 때마다 겪게 되는 숨 막히는 초조와 갈등은 경험해 본 의료인이 아니고서야 어떻게 짐작이나 할 수 있을까.

사람이 생명을 목전에 둔 긴박한 갈등의 순간을 다시는 겪지 않기를 바라면서 잠을 청해 본다.

2006. 9. 7.

가족과 함께 한라산에 오르다

커다란 기체가 서서히 움직이기 시작하다가 곧 하늘로 날아오른다. 논과 밭, 집과 나무들이 한 폭의 그림처럼 내려다보이더니 점점 작아진다. 푸른 바다 위에 점점이 떠 있는 섬들, 유유히 하늘을 누비는 흰 구름이 아름다운 조화를 이룬다. 처음 비행기를 타는 우리 아이들은 벙글거리는 입을 다물 줄 모르고, 맑은 눈은 계속 즐거운 광채를 발한다. 이것저것 내려다보느라 여념이 없는데 어느 결에 제주공항에 도착하였다.

산뜻한 태양 빛, 깨끗한 들과 산, 나무와 꽃들, 공기도 신선하고 상큼하여 심호흡을 하며 창밖을 감상한다. 영실에 도착하니 약속대로 오빠가 먼저 기다리고 계셨다. 이제 등산길 시작, 아스팔트 길을 지나 숲길로 들어서니 금세 자연의 세계 속에 파묻혀 버린다. 크고 작은 나무들 밑에는 조그만 일년초들이 햇빛도 제대로 받지 못하면서도 맑고 고운 웃음으로 아롱다롱 나비들을 불러온다. 새들의 노랫소리 또한 싱그럽게 들려온다. 숲속 길을 걸어갈 때는 뜨거운 햇볕이 가려지지만 바람의 손길이 막혀 후덥지근하다. 조금 더 걷노라면 물소리가 들려오고 곧 시원한 계곡물이 흐른다. 잠시 걸음을 멈추고 얼굴을 씻는다. 발까지 담가 보면 그 시원함에 온몸의 피로가 확 풀린다.

숲길을 벗어나니 바람에 밀리고 씻기어 땅으로만 뻗은 철쭉과 주목들이 누워 있는 산등성이 비탈길이 시작된다. 큰 나무들이 없으니 멀고 가까운 곳의 정경이 환히 내려다보여 '야호' 하는 탄성이 터져 나온다. 산허리에는 흰옷을 입은 듯 보이는 오백나한의 바위들이 보인다. 햇볕이 따갑고 땅에서 뿜어 올라오는 지열 또한 대단하여 얼굴은 빨갛게 익어가고 온몸에 땀이 후줄근하게 된다. 이쯤 되면 물 한 모금, 과일 한 조각의 생각이 간절해진다. 하여 자두 한 알씩 우물거리는 동안 앞산에 하얗게 몰리던 구름이 서서히 우리 쪽으로 이동해 오더니 어느새 작은 물방울이 되어 우리 주위를 스쳐 지나간다.

다시 가파른 산등성이를 오르자니 숨소리까지 헉헉거린다. 산허리에는 노오란 원추리꽃, 보랏빛 산수국, 이름도 알 수 없는 작은 꽃망울들의 환한 미소가 가쁜 숨을 위로해 준다. 잠시 눈을 들어 올려다보니 깎아지른 것 같은 바위절벽이 장엄하게 서 있다. 저기가 바로 병풍바위라고 남편이 설명해 준다. 그 절벽 끝에서부터 또다시 시작되어 몰려오는 구름 방울들의 정경이 너무나 웅장하고 아름다워서 '주 하나님 지으신 모든 세계 ~ 주님의 높고 위대하심을 내 영혼이 찬양하네'라는 찬양이 저절로 흘러나온다. 모두 그렇게 즐거워하며 한참을 올라가니 대피소가 나온다. 잠시 안도의 숨을 내쉬며 자리에 앉아 준비해 온 점심을 먹으며 주위 사람들과 대화의 꽃도 좀 나누려는데, 대피소 공원이 "어서들 서두르세요. 늑장 부리다가는 백록담 구경 못하게 됩니다. 저 하늘 좀 보세요." 하여 바라보니 하늘 한구석이 조금씩 캄캄해지는 것 같다. 우리는 서둘러 다시 백록담 길을 오른다. 잘 다듬어진 길을 지나 물 없는 계곡을 따라 오르니 잔디와 철쭉꽃 군락이다. 계곡 건너편에 고사목도 보인다. 경사진 잔디 길은 소달구지가 지나간 듯 완전히 두 갈래의 길이 나 있다. 등산길로 다듬어진 길의 돌멩이를 피하여 모두 잔디를 밟고 걸어간 탓이리라. 갑자기 안개가 자욱해져서 백록담 봉우리가 전혀 보이지 않게 되었다. 아, 이거 낭패인데 하는 순간, 후드득후드득 굵은 빗방울이 떨어진다. 서둘러 우장을 꺼내 입고 많은 행렬의 뒤를 따른다. 두려움은 없다. 다만 백록담을 구경 못하면 어떡하나, 모두 발걸음이 빨라진다.

경사진 띠잔디 길을 지나니 이제 급경사를 이루는 백록담의 층암절벽 길이 앞을 가로막는다. 외길이라 양 방향의 통행을 할 수가 없다. 하여 한 무리 하산객이 내려오는 동안 줄지어 기다린다. 쇠줄 잡고 엉금엉금 내려오는 행렬. 담력이 약한 자는 벼랑길 줄사다리를 붙잡고 벌벌 떨며 내려오지도 못하는 모습에는 딱한 웃음이다. 노인과 어린 꼬마가 내려오면 박수갈채를 보낸다. 구름은 다시 환히 걷히고 아찔하도록 급경사진 잘록한 산허리가 초록 치맛자락을 휘감고 있는 매력에 푹 잠긴다. 우리가 오를 차례다. 가파른 길 쇠줄을 잡고 조심조심 오른 후 나무층계 길을 지나 마지막 우뚝 솟은 고개에 올라섰다.

오 ~ 여기가 백록담! 이글이글 끓어오르던 화산, 마침내 그 격한 울분을 토해내는 화염을 식히기 위하여 하늘은 얼마나 많은 빗물을 쏟았을까. 하늘에서 내린 빗물을 품은 파란 호수는 태곳적 신비를 안고 하늘처럼 앉아 있다. 큰비가 내릴 적마다 청룡이 하늘로 올라간다는 전설을 간직하였다는 백록담. 커다란 용을 하늘로 올려보내는 에너지로 모두 소모했음인가. 큰비가 내린 후에도 백록담의 물은 한결같이 저만한 크기와 깊이로 간직된다고 한다.

어느 틈에 검은 구름과 빗방울은 사라지고 밝은 햇빛을 받은 백록담과 산허리를 살포시 감싸주는 하얀 구름이 정녕 신비의 장관이다. 백록담을 삥 둘러있는 봉우리들. 푸른 나무와 수풀이 우거진 곳, 산너덜을 이룬 곳이 있는가 하면 우뚝우뚝 바위들만 모여 있는 곳은 하얀 양 떼들의 형상처럼 보여 더욱 경이롭다. 백록담 호수 가장자리, 물이 없는 바닥에는 들풀이 무성하다. 우리는 형용할 수 없는 감회에 잠긴다.

구름이 다시 몰리기 전에 서둘러 카메라 앞에 앉아 밝은 포즈를 취하고 추억의 점 하나 찍어본다. 오빠의 건강을 염려했지만 피곤한 기색 없이 즐거워하시니 다행이다. 한라산의 매력에 도취되어 투정도 없이 가볍게 앞장서며 신기해하는 우리 아이들이 대견스럽다.

자상하게 챙겨주며 자신 있게 리드하는 남편이 있어 흘러내리는 땀도, 7월의 무더위도 그저 즐겁고 행복한 한라산 등반이었다.

남편을 만나면서부터 따라다니게 된 등산, 이제 산 밑에 서면 정상을 오르지 않고는 견딜 수 없는 마음이 되었으니 나도 산쟁이가 되었노라고 큰소리 할 수 있을까. 흰 눈이 쌓인 백록담은 또 어떤 모습일까. 겨울 등반도 꿈꾸어 보면서 하산을 서두른다.

1988. ≪山≫지 8월호.

보늬 타령

남쪽으로 가려던 신혼여행은, 비행기 결항으로 갑자기 북으로 바뀌었다. 교통이나 숙박시설이 지금 같지 않았던 그 시절, 민박을 구할 수 있었던 것만도 참 다행이었다. 더구나 인심 좋은 주인은 자리끼와 함께 푸짐한 떡 사발까지 건네주었고, 먹성이 좋은 신랑은 떡 그릇도 거뜬히 비웠다.

다음 날 이른 아침, 가벼운 산책으로 비선대까지만 다녀오자는 바람에 아무런 준비도 없이 나섰다. 평평하고 널찍한 바위를 베개 삼고 희부연 안개를 이불 삼아 아직도 잠자고 있는 것 같은 비선대의 파르스름한 수면. 한참 곱게 물들기 시작하던 단풍들도 조용히 숨소리만 고르고 있는 것 같은 신비스러운 경관이었다. 행여 그 고즈넉함이 깨일까 봐 조용히 둘러보고 내려오다가, 아직 아침 먹기는 좀 이른 것 같으니 비룡폭포까지 다녀오자며 신랑은 다시 앞장을 선다.

서서히 안개가 걷히며 주변의 경관이 윤곽을 드러낸다. 기묘하고 웅장하여 저절로 위엄이 느껴지는 바위들, 고운 옷 갈아입기에 수선스런 나무들, 겹겹이 선을 이루고 있는 산등성이들. 드디어 비룡폭포에 도착하였다. 물의 제왕인 용이 하늘로 승천했다는 전설을 담고 있는 폭포답게 시원하고 세차게 쏟아지는 폭포수. 하얀 포말을 일으키며 떨어지는 물방울과 파랗게 고여 있는 소沼마저 경이롭기만 하다.

내친김에 토왕성 폭포까지 다녀오자는 신랑의 제안. 소식가小食家인 나는 허기가 느껴졌지만 거절을 못 하고 따라나섰다. 간신히 도착한 토왕성 폭포. 고개를 한껏 뒤로 젖히고 올려다본다. 하늘 끝에서 하얀 실 줄기를 풀어내리 듯 가느다란 물길이 아득하게 떨어지는 것은 폭포라기보다는 꿈속에서 보는 어떤 황홀한 광경처럼 신비스러웠다. 아침 산책이나 잠깐 하자고 나선 발걸음이라 카메라도 준비하지 않아서, 이 멋진 광경들을 한 컷도 남기지 못함이 못내 아쉬웠다.

구경은 잘하였지만 내려오는 길은 출발부터 후들거리기 시작했다. 아침 시간이 훌쩍 지나버린 햇살에 허기와 갈증은 더 심해지는데 수중에는 물론 주위에도 먹을 것을 찾을 수가 없었다. 미안해진 신랑은 조금만 내려가면 된다면서 말로 허기를 채워주려 애쓴다. 참을 수 없어 계곡물을 움켜서 마셔보지만 허기는 곧 다시 엄습해오고, 행여 도토리라도 찾을 수 있을까 싶어서 두리번거렸다. 그때,

바위 위에 널브러져 있는 보늬가 눈에 들어왔다. 체면이고 위생이고 차릴 여유가 어디 있는가. 허겁지겁 보늬를 주워 먹었다.

가을을 알리는 영상으로 으레 밤송이가 비치곤 한다. 뾰족한 가시들로 둥그런 모습, 그 한쪽이 벙긋 벌려지며 윤기 자르르한 밤톨 한 자락이 고개 내미는 모습은 여느 과일보다 더 가을다운 운치로 보인다. 어렸을 때는 '까칠이 밑에 반질이, 반질이 밑에 떫떨이, 떫떨이 밑에 고소미는?' 하면서 수수께끼 놀이를 했던 밤송이.

얼마나 귀한 알맹이기에 여타한 것이 범접도 못하게 가시로 무장을, 다시 단단한 껍질로 방어를 하고도 부드러운 보늬로까지 감싸 안게 하고 있는가. 때가 되면 율방과 껍질은 무장도 벗지 않고 그대로 떠나간다. 그러나 보늬와 밤은 찰싹 달라붙어서 떨어질 줄을 모른다. 보늬가 밤을 붙잡고 있는 건지 밤이 보늬를 놓아주지 않는 건지 알 수가 없다. 결국 사람들은 보늬를 없애기 위하여 밤의 육질까지 깎아 내거나 삶아서 벗겨 낸다.

보늬. 태아의 피부에 있는 솜털(lanugo)과 태지(vernix) 같은 존재라서 그렇게 예쁜 이름으로 불리는 것일까. 태아가 세상에 태어나도 아기살에 그대로 붙어 있는 것이 보호막으로서 할 일이라는 듯 버티고 있는 솜털과 태지. 아기도 그들과 헤어지기 싫은지 손바닥 안에까지 한 움큼 꽉 움켜쥐고 있다. 아기를 목욕시킬 때는 한바탕 실랑이가 벌어진다. 아기의 손을 깨끗이 씻어 주려고 하면 아기는 그 귀한 것을 뺏기지 않으려는 듯 자지러지게 운다.

태아를 연상해서일까. '보늬'라는 말을 읊조리기만 해도 입안에 사랑스러움이 가득 담기는 것 같다. 사실 그 일이 있기 전까지는 나도 보늬라는 것에 대하여 관심은커녕 존재마저도 모르고 있었다. 그저 밤을 먹을 때는 그 떨떠름한 막은 깎아 내거나 벗겨버리는 것으로만 알았을 뿐. 보늬, 그 미미한 존재가 허기로 탈진되려는 내게 이렇게 큰 힘이 될 줄이야.

우리의 삶에, 가볍게 시작할 하루가 어디 있겠는가. 아무리 가까운 길을 떠날 때라도 아무런 준비 없이 나설 여정이 또 어디 있겠는가. 차마 거절을 할 수가 없다고 무작정 따라가다가는 오히려 더 큰 민폐를 끼치게 되는 것을…….

그 후로 난 밤을 먹을 때는 생으로, 일부러 두텁게 깎아서 먹는 것을 더 좋아한다. 보늬의 팬이 되어서.

2011. 12. 22.

저녁연기

바람이 스산해진다. 떠날 차비 곱게 한 나뭇잎들이 바스락거리는 몸짓을 한다. 늦가을 저녁에 가로수 길을 걷노라면 마음은 어느새 시골 고향으로 달려간다. 시골 마을의 운치 중 가장 낭만적으로 기억되는 것은 저녁연기이다. 저녁연기! 아름다운 색채도 없고 고운 모양도 아닌데 무엇으로 온 마음을 휘감아 젖빛 사랑에 젖게 하는 것일까. 저녁연기를 보면 아득한 그리움이 번져난다.

몇 해 전 담양에 있는 소쇄원瀟灑園에 갔었다. 깨끗하고 시원하다는 의미의 소쇄원은 양산보가 스승인 조광조가 유배되자 세상의 뜻을 버리고 고향으로 내려와 조성하였다 한다. 이는 조선 시대 선비들의 고고한 품성과 절의가 엿보이는 아름다움으로 조선 시대를 대표하는 정원이라 하여 유적지로 지정되었다.

들어가는 길 입구는 대나무 숲에 가려 있어 은둔의 의미와 대쪽 같은 성품을 말해주는가. '석판'과 '목판'에 쓴 당시의 글 - 愛陽壇, 瀟灑處士梁公之廬 - 이 흙과 돌로 조성된 담벼락에 박혀 있어 조선 시대의 정취를 느끼게 한다. 소나무, 느티나무, 목백일홍의 원림이 연못과 어우러져 청렴의 인상으로 다가온다. 장원봉에서 흘러오는 계류를 이용한 작은 폭포와 조담, 외나무다리와 물레방아 등 시골운치 그대로이다. 외나무다리 건너 작은 언덕에 사리한 노남 십 한 채. 거기 사랑방 온돌을 데우는 아궁이 속에서 장작불이 빨갛게 타고 있었다. 그리고 집 뒤쪽에 모양새가 잘 갖추어진 굴뚝으로 하얀 연기가 모락모락 뿜어 나며 밭이랑으로 퍼져 나가는 것이 보였다. 장작불과 굴뚝연기는 웅성거리는 무리의 관람소리 속에서 내 감성을 홀로 멈추게 했다.

고향 마을에 아늑히 피어오르던 저녁연기. 온종일 긴 일거리를 마치느라 홍조를 띤 태양이 감홍빛 노을을 흔들며 서산마루를 넘어가면 대나무 숲을 낀 산자락 아래 초가 마을엔 회색빛 안개와 같은 저녁이 스멀거린다. 때맞추어 하나둘씩 30여 가호의 초가집 굴뚝에서는 안개를 닮은 저녁연기가 모락모락 하늘을 향한다.

저녁연기하면 대부분 사람들은 부엌에서 희생되는 어머니의 사랑을 생각하지만 내겐 기다림의 의미를 더하고 있다. 늦둥이로 태어난 내 기억 속에 엄마 아빠는 늘 논과 밭으로 나가셨고 부엌에는 올케의 분주한 손놀림이 딸그락거렸다. 저녁 지을 때 반질반질 윤이 나는 가마솥 아궁이 앞에서 불을 지피는 일은 나의 몫이었다. 아궁이 속에 보릿단(땔감)을 한줌 한줌씩 집어넣는다. 툭툭 살 터지는 아픔으로 가마솥 속의 보리밥을 익혀내고 있는 보릿단이 불쌍하게 느껴진다. 그러나 나는 보릿단의 아픔은 아랑곳하지 않고 화력을 더 높이기 위하여 나무 부지깽이로 적당히 헤벌리고 비집기를 반복한다. 화력을 이기지 못해 타들어 가는 부지깽이 끝을 몽글려 본다. 튕겨져나간 불길이 팔각형 모양의 예쁜 불꽃이 되어 깜박이다 사그라진다. 불길에도 이렇게 예쁜 모양이 있었구나. 불꽃에는 또 어떤 새로운 모습이 숨어 있을까.

아궁이 속에서는 빨간 불길과 까만 연기가 싸움을 한다. 아궁이를 점령하려는 빨간 불길의 기세에 밀려 까만 연기는 빠져나갈 길을 찾는다. 그건 도망치는 비겁함이 아니라 역할분담의 자세이다. 밀려 나오다 차갑게 떨고 있는 구들을 안아준다. 온기를 회복한 구들에게 검은 모습 한 자락 남겨두고 조금은 핼쑥해진 모습으로 굴뚝으로 빠져나가 하늘하늘한 손짓을 한다.

저녁연기의 신호를 보셨음인가. 산과 들의 밭에서 먹을거리를 키우던 엄마 아빠의 피곤한 발걸음 소리가 사립문 안으로 들려온다. 나는 부지깽이 끝에 묻어 있는 기다림의 끝자락을 아궁이 앞에 짓이겨 놓고 잽싸게 달려나간다. 세숫대야에 물을 채워 놓고 엄마 아빠가 씻기를 기다리며 수건을 들고 있는 마음은 저녁연기와 함께 덩실덩실 춤을 춘다. 저녁연기는 슬며시 안방으로 들어와 호롱불 연기에 가지를 치고 한자리 차지한다. 저녁연기의 그림자를 창가에 걸어둔 방안은 도란도란 정다움을 키워내는 아늑한 쉼터가 된다.

'빨간 불을 냉큼 받아먹는 입이 무엇이게?' 그렇게 달구어진 방바닥은 아랫목을 중심으로 하여 반원으로 따뜻하다. ㄷ자로 둘러앉은 이불 속에서 집게 발가락들의 즐거운 싸움이 시작되고 눈과 귀는 세상 돌아가는 소식을 나누며 옛날이야기에 눈물 흘리는 감동과 움칠한 무서움에 이불을 뒤집어쓰기도 한다.

요즘엔 시골에도 대부분 보일러식 난방과 주방구조를 갖추고 있으므로 옛 고향의 운치를 찾아보기 힘들나. 고향에서 볼 수 없는 저녁연기의 운치를 도심지 주변의 커다란 공장 굴뚝에서 쏟아져 나오는 구름 같은 연기가 대신한다. 어떤 사람들은 공장 굴뚝에서 뿜어 나오는 연기를 공해라는 이름으로 부르기도 한다. 하지만 나는 공장의 굴뚝연기마저 미래를 향한 꿈과 희망의 정서로 키우고 싶다.

고향 집 아궁이 속이든 공장의 용광로 속이든 저녁연기의 운치는 운치 이상의 풍요한 꿈을 심어준다. 불꽃 튕기는 화염 속에서 파생된 꿈의 파편들이 높이 높이 솟아오른다.

2007. 11. 19.

다랑이논

황금빛 지평으로 아득하게 펼쳐진 고향의 가을 들녘은, 보는 것만으로도 풍성한 축복이며 행복한 추억이다.

가을걷이가 한창인 어느 날, 고향의 가을 들녘과는 판이하다는 그곳의 가을 표정이 보고 싶어서 길을 떠났다. 산들이 바다를 보듬어 안았는가, 바다가 산들을 휘감아 적시는가. 굽이굽이 산과 바다가 어우러져 하늘빛으로 시원하게 아름다운 길을 따라갔다.

산과 산이 만나는 계곡의 양옆 산비탈에, 계단식으로 이루어진 전답들이 눈에 들어온다. 바람마저 품어 안고 하늘빛 햇볕이 따스하게 쏟아지고 있는 곳, 다랑이 마을. 아찔하게 경사를 이룬 산 아래에는 파란색 파랑波浪으로 출렁이는 바닷물이, 투명하게 쏟아지는 햇살과 은빛 밀어를 속삭인다. 바닷물 속에 풍덩 빠져버린 하늘도 파랑으로 치장을 하였다.

'천하의 물을 모아 바다라 부르시고, 드러난 뭍을 땅이라 부르시니, 보시기에 심히 좋았더라.'는 말씀이 실감 나는 곳이다. 조물주의 섭리를 거스르지 않고 자연 그대로 조화를 이루며 농토를 마련한 선조들의 지혜에 머리를 숙인다.

층층이 포개어진 논(밭)에는 기대했던 것과는 달리 초록빛 잔잔함만 간들거린다. 조막만 하다고 표현할 수밖에 없는 논들에는 서울초, 마늘, 시금치 등이 싱싱하게 자라고 있다. 각종 향료나무들도 한몫을 차지하고 있다. 관광객들은 카메라 앞에서 다랑이논처럼 순수한 미소를 만들려 애를 쓰고 있다. 카메라는 선조들의 땀방울도 담고 싶은 손짓으로 찰칵거리기에 여념이 없다.

나는 논 자락 어딘가에 황금빛으로 고개 숙이고 있을 나락들을 찾아 화살표를 따라갔다. 황금빛 물결은 어디쯤 있는 것일까. 두리번거리며 한참을 가다가 깜짝 놀라서 발길을 멈췄다. 독특한 표정의 다랑이논둑이 내 눈길을 끌어당긴다. 논둑은 모두 흙으로 만드는 줄 알았다. 그런데 이곳의 논둑은 돌들로 쌓여 있다. 크고 작은 돌들이 질서 있게 서로 비켜 앉아서 논들을 받들고 있다. 논둑의 높이마저 논바닥의 면적과 비슷하다. 저 많은 돌을 쌓아 올리기에 얼마나 힘겨웠을까.

돌이 많다는 것은 그만큼 척박하다는 의미가 아닌가. 아직도 돌너덜을 이룬 산비탈이 보인다. 계곡에는 여전히 맑은 물이 흐르고 있다. 바람을 날려 보낸 따스한 햇볕이 척박해 보이는 산비탈 계곡에 머무는 것에 감사하며, 한 뼘의 농토라도 더 일구어야 했던 선조들의 피땀 흘린 노고. 그 눈물겨운 결실이 다랑이논이라는 걸작을 유산으로 남기지 않았는가.

다랑이 마을의 홍보물에는 주변의 볼거리와 계절에 따른 각종 축제 및 체험놀이 등이 소개되어 있다. 농기구와 농작물로 소담하였을 농가는 관광객을 위한 먹을거리와 민박 유치를 위한 치레로 화려하다. 넓어야 달구지나 지났을 고샅길도 승용차가 드나들 수 있도록 포장되었다.

시선을 계곡으로 돌린다. 아직도 크고 작은 돌들이 즐비한 계곡에 맑은 물이 졸졸 흐르고 있다. 옛 그대로의 돌들에 선조들의 표정이 담겨있는 듯하다. 어떤 커다란 돌에는 부리부리한 황소의 눈망울이 서려 있는 것 같다. 다랑이 논의 일등공신은 자신이라는 표정으로, 큼직하고 길쭉하게 서 있는 돌에는 하얀 수염을 쓰다듬는 할아버지가 혀를 끌끌 차는 것 같은 모습이다. 펑퍼짐한 돌에는 주름진 할머니의 푸근한 모습이 되레 내 마음을 위로하는 것 같다.

'우리 때에야 한 톨의 쌀이라도 더 수확하려고 허리 펼 겨를도 없었지만, 이제는 쌀 대신 시대에 맞는 농작물을 키우는 것도 괜찮아. 어떤 명목으로든 자주 찾아주고 화들짝 웃는 소리를 들려주면 그저 반가운 것이지.'라고 말씀하는 소리가 들리는 것 같다. 명절 때에나 다녀가는 자녀에게 바리바리 다 싸 주고 빈껍데기로 남은 모습이면서도 넉넉한 웃음을 띠고 있는 시골 부모님과 같은 표정이다.

할머니 두 분이 길가에 앉아서 손짓을 한다. 뭉텅하게 굳어진 손마디, 검게 그을린 얼굴, 합죽한 입가에 배여 있는 미소가 다랑이논에 동화된 다랑이 마을 그대로의 모습이다. 고마워서 시금치 한 단을 샀다. 미안해서 호박 한 덩이도 샀다.

백여 년 이상 한 결같이 농토를 지키고 있는 다랑이 마을. 늘그막에 본 늦둥이에게 더 애잔한 정을 쏟는 부모님의 사랑이 가득 서려 있는 것 같은 곳이다. 겨울을 견디어 낸 다랑이논은 또 어떤 모습일까. 내년 봄에 다시 오자는 눈짓을 보낸다.

돌아오는 길, 다랑이논처럼 올망졸망한 생각들이 자꾸 발길에 걸린다.

2011. 11. 14.

제4부 밥상을 차리며

밥상을 차리며

밥상을 차리는 일을 즐기지는 않지만, 퇴직하고 나니 어쩔 수 없이 전업이 되고 말았다. 어설픈 마음, 서툰 솜씨로 열심을 내다 보면 어느새 2~3시간이 훌쩍 지나버리는데 내놓을만한 음식은 별로 없고 맛도 신통치 못하다.

이런 내 솜씨를 예쁜 그릇으로나 띄게 해볼까 하고 이것저것 찾아본다. 나물종류는 단순한 문양의 접시가 깔끔하겠지. 부침종류는 조금 화려한 접시가 좋겠고. 또 김치, 생선, 양념간장은 어느 그릇에 담는 것이 좋을까 하고 그릇을 찾다 보니 여러 가지 생각이 떠오른다.

어릴 적 밥상에 오른 그릇들은 주로 놋그릇, 사기그릇, 질그릇들이었다. 명절이 되면 형님들은 양지바른 마당에 둘러앉아 누리끼리해진 놋그릇들을 기와 가루와 짚을 이용하여 어깨가 아프도록 문질러 댔다. 일 년 내내 대가족의 울안에서 지치고 힘들었던 일상과 참고 견디어야 했던 날들이 얼마나 많았던가. 마음속에 쌓여있는 앙금들을 털어 내는 것 같은 그 손길이 힘겨워 보였다. 그러나 도란도란 대화를 나누며 마당 가득히 넘쳐나는 형님들의 웃음소리에 시샘 어린 눈길들이 담장을 넘어왔다. 그렇게 한나절이 지나면 칙칙하던 놋그릇은 황금빛 화려한 색깔의 새 그릇이 되었다. 반짝반짝 빛나는 윤기로 명절날 밥상의 분위기를 돋우어 주는 놋그릇에 집안 어른들의 표정도 희색을 띠우셨다.

형님들은 밥상에 올리는 그릇들을 반드시 격에 맞추어 사용했다. 어른들의 주식용은 놋그릇을, 김치, 물김치는 널찍하고 오목한 그릇을, 나물류는 조금 납작한 접시에, 생선은 길쭉한 그릇에, 간장은 조그마한 종지 등이었다. 왠지 나의 관심은 늘 그 쪼그마한 간장종지에 쏠렸었다. 밥상 위의 반찬들은 이미 다 간이 맞추어졌고 간장종지에는 별로 손이 가지 않았다. 그런데 형님들은 밥상마다 왜 간장종지를 꼭 올리는지가 궁금했었다.

사회 초년생이던 시절에 "큰집에는 금 그릇과 은 그릇뿐 아니라 나무 그릇과 질그릇도 있어 귀하게 쓰는 것도 있고 천하게 쓰는 그릇도 있나니, 그러므로 누구든지 이런 것에서 자기를 깨끗하게 하면 귀히 쓰는 그릇이 되어 거룩하고 주인의 쓰심에 합당하며 모든 선한 일에 준비함이 되리라."는 말씀이 내 마음에 크게 부각되었다.

나는 이 사회에 과연 어떤 그릇이 될 것인가. 주식을 담는 크고 멋진 그릇, 반찬 종류를 담는 화려하고 예쁜 접시, 아니면 그 쪼그마한 간장 종지. 그러나 중요한 것은 크기와 모양이 아니라 쓰기에 합당한 깨끗함이 아니겠는가.

밥상에도, 각기 목적에 따라 다양하게 쓰이는 그릇이 있는 것처럼 우리 사회도 각양 전문성을 띤 인격체로 구성되어야 건강하게 발전할 수 있으리라. 각자 자기 그릇의 크기와 명성에만 치우치지 말고 이 사회가 기대하는 건실함으로 깨끗하게 준비되어 갈 때에 귀한 재목으로 쓰임 받게 될 것이다.

대부분의 사람이 크고 멋진 그릇이 되기를 원한다면 난 차라리 어느 밥상이든 필요로 하는 작은 간장 종지가 되자. 이미 밥상 위의 음식은 간을 맞추었지만 또 누군가의 필요를 위하여 빠지지 않고 오르는 간장 종지.

크고 화려한 그릇이 되는 욕심을 부릴 수 없는 여러 가지 요인들도 있었다. 그러나 주어진 환경에서 열심히 최선을 다하며 살아온 세월에 후회나 미련은 없다. 그저 일상생활에서 잔잔한 기쁨을 느끼며 뿌듯한 보람과 만족으로 감사한 날들이었다. 한 조직체 안에서 강산이 서너 번 바뀔 정도의 긴 세월을 귀하게 쓰임 받았다. 또 그렇게 쓰임 받을 후진들이 있어 행복해하며 퇴직하였다.

인생은 육십부터라고 했던가. 이제 가족을 위하여 차리는 밥상 외에 또 하나의 밥상을 차리고 싶다. 유년시절에 꿈꾸었던 수필의 밥상을. 그동안 우선 순위에서 밀려나 있던 정서적 감성을 일깨우고, 수필의 밥상에 알맞을 언어의 그릇들을 찾아야 한다. 어디에서 어떻게 찾아야 할지 아직은 감을 잡기도 어렵다. 그러나 보물찾기를 하는 설렘으로 열심히 찾아야 한다. 하나 둘, 곱고 품위 있는 언어의 그릇들을 찾아 정갈하게 씻어서 살강 위에 그득하게 채워보자.

깨끗하게 준비된 그릇들로 격에 맞는 수필의 밥상을 맛깔스럽게 차려서 사랑하는 이들을 초대해 보자는 꿈을 꾸면서, 오늘도 즐거운 마음으로 밥상을 차린다,

2006. 7. 10.

2008년 2월 간호문학상 수상

널뛰기

투박스러워서 오히려 믿음이 가는 널빤지와 아직도 싱싱하게 보이는 볏단이 널빤지 중앙에 널받침으로 고여 있다.

알록달록 설빔을 차려입은 우리는 동네 어른들에게 세배 다니기가 끝나면 약속이나 한 것처럼 숙이네 집으로 갔다. 수북하게 쌓였던 눈은 울타리 쪽에 눈 동산으로 서 있고, 반질반질한 황토 마당에는 널뛰기를 할 수 있는 준비가 이미 다 되어 있었다. 설 명절 때마다 널뛰기를 할 수 있도록 묵묵히 준비해 주시던 숙이 할아버지는 어쩌면, 남편도 없이 시부모를 모시는 며느리와 아버지도 없이 자라는 손녀딸을 위한 사랑으로 준비를 하셨으리라.

성급한 친구가 널빤지 한쪽에 성큼 올라선다. 덜커덩, 놀란 소리를 내며 반대편 끝이 올라간다. 체중을 견줄만한 친구가 반대편에 올라선다. 잠시 흔들거리는 널빤지가 중심을 잡는 동안 다음 주자는 널받침 위에 올라앉는다. 다른 친구들은 널 뛸 친구들이 중심을 잡을 때까지 널빤지 양옆에 서서 손을 잡아준다.

슬슬, 두 친구는 서로의 힘을 가늠하며 '널빤지의 밥'을 조절하고 호흡을 맞추며 구르기를 시작한다. 한 친구가 먼저 뜀뛰기로 두 발을 올려 널빤지를 굴러주면 반대편 친구는 허공으로 떠올랐다 내려오면서 또한 힘을 가하며 널빤지를 구른다. 발의 중심과 무릎의 힘, 손과 몸의 균형이 조화를 이루며 올라가고 내려오는 동작이 계속된다. 잘 뛰는 친구라 하여 시샘도 없고 못 뛰는 친구를 무시하는 마음도 없다. 심판이나 경기 법칙이 없어도 흥겹게 차례가 이어지며 자연스레 더불어 살아가는 사회성을 배워간다.

점차 세게 굴려지는 힘으로 더 높이 오르는 순간, 나는 한 마리 노랑나비가 되어 개나리꽃 노랗게 핀 울타리를 팔랑팔랑 날아가는 기분이 된다. 이제는 친구를 올려 줄 차례. 아직도 펄럭이는 치마폭을 쓰다듬어 내리며 음전한 색시답게 '곧추뛰기'로 널빤지를 굴려준다. 호랑나비가 된 친구는 봉선화와 백일홍이 흐드러질 꽃밭으로 날아가려나. 황홀해진 기분이 애초의 두려웠던 마음을 밀어내면 신바람이 난 친구들은 '가위발 뛰기'와 '데사리 뛰기' 등의 묘기까지 펼친다. 박수갈채와 탄성, 환호의 웃음소리가 담장을 넘어간다. 이 때만은 여인들의 웃음소리가 울 밖으로 넘어가도 흉이 되지 않는다.

이쯤 되면 홀로 뛰기는 밀려나고, 단체 뛰기가 시작된다. 1 대 2 또는 2 대 2의 짝으로, 호흡을 맞추고 구령을 붙여 가며 뛰고 나르는 묘기가 펼쳐진다. 떠들썩한 분위기에 구경꾼들이 몰려오고, 숙이네 마당은 남사당패의 공연이나 펼쳐진 양 흥겨움으로 가득 찬다. 이런 흥겨움에서 소외되는 사람은 아무도 없다.

이제 널뛰기 기구는 거의 볼 수가 없는 시대이다. 학교 운동장이나 어린이 놀이터 등에도 시소는 있어도 널뛰기는 보이지 않는다. 설마 시소와 널뛰기를 동격으로 생각하는 것은 아니겠지. 체력단련장에는 대부분 나 홀로 할 수 있는 기구들이다. 웬만한 민속촌에도 그네뛰기는 있어도 널뛰기 기구는 보이지 않으니 그 추억마저 체험해 볼 기회가 없는 것이 못내 아쉽다.

널뛰기는 더불어 살아가는 사회성을 배우는 놀이이다. 나 혼자서는 만족할 수 없다. 너와 내가 호흡과 장단을 맞추어야 흥이 나는 것이다. 두 사람이 잘 뛸 수 있도록 옆에서 손도 잡아 주고 흔들리지 않도록 응원해 주면서 서로 세워주어야 한다.

널뛰기는 인내를 배우는 놀이이다. 내가 빨리 뛰고 싶다고 무작정 널판에 끼어든다면 모두가 다치게 된다. 차분히 내 차례가 오기를 기다리며 함께 너와 내 몫을 잘 감당해야 한다. 인생살이도 마찬가지 아닌가. 성공하고 싶다고 아무 때나 설친다고 어디 이루어지던가.

널뛰기는 나를 내세우기보다 너를 먼저 높여주어야 하는 놀이이다. 너를 높여주기 위하여 내 자세를 가다듬고 낮춤으로써 나 또한 더 높아질 수 있음을 배우게 된다. 너와 내가 서로의 높낮이를 가다듬으며 조화를 이루면서 함께 만족할 수 있는 놀이이다.

'너희 중에 누구든지 크고자 하는 자는 섬기는 자가 되고, 으뜸이 되고자 하는 자는 종이 되어야 하리라'는 말씀처럼, 겸손을 일깨워 주는 놀이이다.

세계 빈곤 아동들을 지원하는 컴패션(compassion)에서 기부와 봉사활동을 하는 모 탤런트가 심경을 고백한 이야기가 생각난다. 처음에는 의심스러운 마음도 있고 은근히 생색도 내고 싶어 기부금을 손수 전달했는데 그 결과는 찜찜하기만 하였다. 어느 순간 마음을 비우고 낮은 모습으로 다가서니 더 큰 기쁨이었다고 하였다. 낮아지고 베푸는 경험을 통해서 얻는 기쁨을 함께하고 싶어서 그 활동을 중지할 수가 없다고 하였다.

설 명절이라고 손주들이 집에 와도 널뛰는 법을 가르쳐 줄 수 없는 아쉬움을 추억담으로 전해 준다. 동화책에도 없는 생소한 이야기를 들으며 고개를 갸웃거리는 녀석들의 표정이 더없이 사랑스럽다. 옆에서 함께 듣고 있던 아들이 한마디 보탠다.

"윈 윈(win win)전략의 원조는 바로 우리의 널뛰기 놀이이네요."

2012. 3. 14.

안개

안개 1.

공동묘지와 상엿집이 있는 굽이진 길에 안개가 자욱하다. 머리끝이 주뼛거리는 무섬증이 몰려온다. 왜 다른 애들이 한 명도 보이지 않는 것일까. 아무리 빨리 걸으려 해도 발걸음이 잘 떼어지지 않는다. 설상가상으로, 아이들을 잡아간다는 도둑이 커다란 배낭을 메고 쫓아온다. '다리야 날 살려라.' 하고 뛰어보지만 제자리를 벗어나지 못한다. 도둑이 막 내 등덜미를 잡으려 한다. 아, 이제는 죽었구나 하면서 순간적으로 껑충 뛰어오른다.

안개의 마술일까. 신기하게도 나는 하늘에 붕 떠올라 훨훨 날아간다. 사면초가란 말은 이렇게 하늘을 나는 방법도 있음을 말하는 것이었던가. 안개보다 가벼워진 몸이 하늘하늘 구름을 따라간다. 와! 이 황홀한 기분. 초가지붕들이 버섯처럼, 마을과 뒷동산이 조가

비처럼 그리고 학교가 성냥갑만 하게 내려다보인다. 끈질기게 쫓아오는 도둑의 모습도 아스라하다. 도둑에게 잡히지 않으려면 더 높이 더 멀리 날아가야 한다는 생각에 날갯짓을 해본다는 것이 그만, 쿵 하고 떨어지며 잠이 깬다. 한낱 키가 큰다는 꿈이었던가.

안개 2.

버스는 들길을 돌아 산등성이로 오른다. 전조등을 켜도 안갯속에 잠긴 산천은 새벽잠을 즐기고 있다. 안갯속을 달려가야 할 버스의 긴장감, 내 걱정을 한들 무슨 도움이 되겠는가. 설친 잠이나 다시 청해보자며 눈을 감는다.

귀가 먹먹한 느낌에 잠이 깨었다. 힘들게 달리고 있는 버스에 미안한 마음이 들지만 모르는 척 차창 밖으로 시선을 돌린다. 희부연 여명으로 아침이 밝아온다. 서서히 모습을 드러내는 산과 나무와 들녘. 아–, 저기가 낙동강인가. 금방 잠자리에서 일어나 속옷 차림 그대로 긴 머리를 틀어 올리고 있는 새색시의 모습으로 느껴진다. 묘한 자태로 강물 위를 빗겨 오르는 안개의 무리. 안개는 지난밤 아무도 모르게 강물과 신방을 차렸던 것일까. 하늘에서 품어 온 정기로 강물 속에 생명체를 안겨 주느라 날이 새는 줄도 몰랐나 보다. 잠자리를 들켜버린 무안함인가. 자욱했던 안개는 하얀 구름이 되어 산허리를 살포시 휘감으며 서둘러 사라진다.

안개가 걷히기 시작한다. 하늘은 더없이 드높고 푸르다. 밭에는 콩도 참깨도 가을걷이를 기다리고 있다. 빨간 사과가 주렁주렁 매달린 과수원의 탐스러운 정경情景에 탄성이 일어난다. 크고 작은 산등성이마다 알록달록 물들어가는 나무들의 빛깔이 곱기만 하다.

안개는 자연을 영글게 하는 씨알을 안겨주는 선비의 모습이다.

안개 3.

어린 시절에는 자칫하면 감기에 걸려서 콜록거리고 배탈이 나서 뒤틀리는 배를 움켜잡고 엎치락뒤치락하며 소란을 떨었다. 걸핏하면 치통으로 엉엉 울기 일쑤였다. 여름이면 학질까지 걸려 오싹거리는 추위에 떨면, 어머니는 뒷동산으로 데리고 가 묘 위에서 재주를 넘으라 하셨다. 아버지의 사랑과 어머니의 정성 어린 돌봄이 아니었던들 나는 병골 같은 안개에서 벗어날 수 없었을 것이다.

유년기를 지난 후부터 내 앞에 서리는 안개는 나 스스로 헤쳐나가야 할 과제들이었다. 학창시절에는 시험이란 안개의 연속, 졸업기가 되면 안갯속에 희미한 진로의 길, 혼기를 앞두고는 상대의 심중을 가늠하지 못해 아리송하던 안개, 시집살이에 깔린 안개의 무게는 무엇에 견줄 수 있을까. 자녀들이 저들 앞길에 깔리는 안개를 잘 헤쳐나갈 수 있을까를 염려하면서 마음 한구석에는 언제나 안개가 깔려 있다. 하지만 안개는 걷히기 마련이라는 것을 배웠기에, 인생길에 깔리는 안개도 나름대로 인내하며 잘 통과하는 지혜를 발휘했노라고 말하면 흉이 될까.

남은 세월 살아가는 길에 깔릴 안개의 모습은 또 어떤 것일까를 궁금해하면서, 유년 시절처럼 하늘을 나는 꿈을 꾸는 잠이라도 청해 보아야겠다.

2012. 6. 28.

그네뛰기

오랜만에 뒷산에 올랐다. 성하의 신록이 건장한 자태를 자랑하고 있다. 그 싱싱한 푸르름 속에서 때를 만난 매미들의 합창이 시원하게 들려온다. 이름 모를 새들도 바리톤과 같은 지저귐으로 반주 맞추어 들려준다. 커다란 나무들 밑에는 올망졸망한 풀꽃들이 불평도 없이 해맑은 웃음을 짓고 있다. 더위도 잊은 벌들의 분주한 날갯짓은 꽃송이들을 찾아 인사를 나누며 꿀송이를 키워가고 있다. 시원한 바람이 나무 사이를 사르르 스쳐 가면 나뭇잎들은 푸른 물결의 춤사위로 애교를 부린다. 자연 속에 어우러진 자율적인 화합과 공생의 평화가 느껴지며 땀 흘리는 발걸음이 즐겁다.

산봉우리의 널따란 곳에 이르면 여러 가지 운동기구들이 설치되어 있다. 나는 이 운동기구들을 볼 때마다 나무들에 미안한 마음이 든다. 창조주는 인간으로 하여금 자연 만물을 아름다운 그대로 잘 보전하고 다스리라고 명하셨는데, 오히려 자연의 질서마저 파괴하고 있음이 부끄럽기 그지없다. 그 운동기구들 한쪽에 그네틀도 세워져 있었다. 다행히 그넷줄은 살아 있는 나뭇가지에 걸린 것이 아니어서 덜 미안했다. 다가가는 마음속에 어릴 적 추억이 떠오른다.

단옷날이 되면 동네 오빠들은 굵다란 새끼줄을 꼬아서 뒷동산에 있는 커다란 소나무 가지에 그넷줄을 매어 놓았다. 언니들은 빨간 댕기 머리에, 울긋불긋 치맛자락을 사뿐거리며 그네뛰기 놀이를 즐겼다. 균형 잡힌 몸짓으로 발에 힘을 주어 구르는 빨간 댕기 머리 뒤로 훈훈한 봄바람을 날려 보내고, 씽씽하게 점점 더 높이 날아오르는 치맛자락에서 시원한 여름바람을 불러왔다. 호흡이 잘 맞는 언니들 둘이서 쌍그네를 뛰는 모습은 한 쌍의 제비와 같이 날렵하였다. 흥이 무르익어 가면 젊은 엄마들도 올라 와서 그네뛰기 시합이 벌어진다. 여인들의 흥겨운 웃음소리가 바람을 타고 논과 밭으로 퍼져 나간다. 풍작을 기원하는 흥겨움이다.

아직 단발머리에 불과한 우리에게 소나무 그넷줄은 너무 굵고 높아서 오를 수가 없었다. 작은 그넷줄을 준비해 주지 않는 오빠들이 얄미웠지만 우리는 댕기 머리로 자라기를 기다리며 또래 놀이를 즐길 줄 알았다.

초등학교 운동장 가에는 커다란 오동나무가 운치 있게 뼁 둘러 세워져 있었다. 크고 넓은 오동나무 잎은 비 오는 날에 우리들의 작은 머리를 받쳐주는 우산이 되었고, 나팔모양의 꽃은 보랏빛 꿈을 키워주었다. 그 오동나무 사이에 세워진 그네틀에 서너 개의 그넷줄이 매여 있어 3~4명이 한꺼번에 그네뛰기를 할 수 있었다.

그네뛰기는 생활 여건 속에 적응해가는 하나의 학습 과정이었다. 뺑 둘러서서 응원하는 아이들의 맑은 함성은 운동장 가득히 메아리치며 더불어 살아가는 삶에 힘을 실어주었다. 가장 높이 날아서 입으로 오동나무 잎을 따오는 아이들의 모습은 공중곡예를 보는 것 같은 아찔함으로 부러움의 대상이 되었다.

수줍음이 많고 숫기가 없던 나는 부러운 마음으로 그 몸동작을 유심히 관찰하였다가 아이들이 다 떠난 후에 그네뛰기 연습을 하였다. 왼발을 그네 발판에 올려놓고 양손으로 그넷줄에 있는 안전 손잡이에 손을 끼운다. 오른발로 뒷걸음쳐 한껏 물러섰다가 몸과 팔의 균형을 잡으며 앞을 향하여 힘껏 달려나가며 잽싸게 오른발을 발판 위에 세운다. 발판 위의 양발은 적당한 간격을 유지해야 좋은 힘을 가할 수 있다. 앞으로 솟구쳤던 몸이 뒤로 밀려 나갈 때 양팔을 살짝 벌려준다. 다시 앞으로 향할 때 두 무릎을 약간 굽히며 발목에 힘을 가하는 동시에 양팔을 다시 오므리며 팔에도 힘을 가한다.

처음 서너 번 힘든 몸짓을 하고 나면 그다음부터는 자연스레 더 멀리, 더 높이 날아오르며 한 마리 새가 된 기분이다. 뒤로 향하는 순간에 함성을 지르는 친구들의 모습이 조그맣게 내려다보인다. 앞으로 솟구칠 때 하얀 뭉게구름이 성큼 눈앞에서 손을 내민다. 다시 앞으로 나가며 조금 더 힘을 가하니 나의 발끝도 오동나무 잎에 닿았다. 그 아찔한 감촉, 나도 할 수가 있구나 하는 만족감. 두둥실한 기분이 채 가시지도 않았는데 친구들은 그만 내려오라고 소리를 지른다.

그래 너희에게도 기회를 주어야지. 이젠 힘을 가하지 않고 그넷줄에 몸을 맡긴다. 눈을 지그시 감고 흡족하고 편안한 기분을 즐긴다. 이제야 땀으로 범벅이 된 얼굴과 후줄근해진 등줄기를 의식한다. 조금은 후들거리는 다리를 의식하며 안전 손잡이를 빠져나와 그넷줄을 내려 잡으며 발판 위에 내려앉아 두 발을 쭉 뻗어본다. 그 동작으로도 그넷줄은 오르내리기를 계속한다. 희색이 만연한 기분으로 친구들을 바라본다. 그넷줄을 서로 빼앗으려고 친구들이 몰려와서 매달리면 빙그르르 회전의자를 굴리는 기분이었다.

나이를 생각하라는 그이의 염려를 뿌리치고 그넷줄에 올라보았다. 안전 손잡이도 없는 그넷줄을 움켜잡고 어릴 적 추억을 되살리며 그네뛰기를 시도해 보았다. 어설프던 동작이 차츰 균형을 잡으며 무겁게 움직이던 몸짓이 점점 가벼워진다. 하늘하늘 상큼한 기분이 앞뒤로 점점 더 높이 멀리 솟구친다. 이제는 열서너 번만의 굴림도 잘하는 것이리라. 나뭇잎 닿기까지의 굴림은 무리한 도전일 터이니 더 이상의 욕심은 부리지 말자.

그네뛰기 놀이는 우리가 살아가는 삶의 모습이다. 아직 그네에 오르기 전 그 모든 지식과 기술과 방법을 눈여겨 배우고 기억하며 훈련 기간을 거쳐야 한다. 처음 시작은 서투르고 힘들고 앞으로 잘 나가지도 못한다. 먼저 연습하겠다고 서로 몰려들면 힘없는 자는 차례가 밀려나기도 한다. 그러나 실망할 필요는 없다. 언제든 기회는 다시 주어진다.

기회가 주어졌을 때 균형을 잘 잡고 머뭇거리지 말고 최선을 다해야 한다. 균형이란 성실하고 겸손한 자세로 이웃과 함께 공동의 목표를 이루는 합력의 마음가짐을 말하는 것이리라. 때로 힘에 부치기도 하고 뒤로 밀리기도 하여 내려오고 싶은 순간들도 있으리라. 그러나 응원해 주는 소리들에 힘을 얻어 새로운 용기로 도전하다 보면 자연스레 앞으로 쑥쑥 나아가고 있는 자신을 발견할 것이다. 목표가 달성되었으면 그 자리 연연하지 말고 훌훌 털고 일어나 내어 줄 줄도 알아야 할 것이다.

그네뛰기 놀이와 같은 원칙이 질서 있게 지켜질 때 우리의 삶도 더욱 즐겁고 흥겨운 사회성의 놀이마당이 형성될 것이다.

2007. 8. 3.

봉선화

마당에는 봉선화가 소담스럽게 피었다. 어찌나 크고 울창한지 봉선화 숲이라 불러야 할 정도이다. 기름진 토양과 적당한 일조량으로 우리는 그 풍성한 아름다움을 즐기며 여름 더위를 잊는다.

봉鳳을 닮았다 하여 붙여진 이름 봉선화. 꽃말은 '나를 건드리지 말라'는 뜻이라고 하니 어떤 고귀함이 느껴지는 것 같다. 겉으로 보이는 형태는 여느 꽃나무들과 다름없어 보이나 그 속성에 빨간 피와 같은 색상을 품고 있기 때문일까. 빨간색은 귀신이 싫어하고 따라서 질병이 침범하지 못하도록 막아준다는 풍습에 따라 손톱에 봉선화 물을 들이게 되었나 보다. 또한 봉선화의 특이한 냄새는 뱀도 싫어한다고 한다.

봉선화를 볼 때마다 울 밑에 선 봉선화를 처량하다고 노래할 수밖에 없었던 선조들의 생각에 울적해진다. 처량하다고 노래하면서도 장독대와 사립문 주위, 담장 아래와 동구 밖으로 나가는 길목까지 봉선화를 그렇게 많이 심었던 속마음은 무엇이었을까. 금사화禁蛇花라는 명분보다는 악귀를 몰아낸다는 전설에 더 많은 의미를 담았던 것이리라. 단순히 나와 가족만을 위한 바람이 아니라 나라와 민족의 한까지를 품은 염원으로 그렇게 애창하였을 것이다. 빨간색의 전설, 아니 빨간 피의 의미를 가슴 깊이 간직한 조국애를 품고서…….

왜 하필 붉은 악마라 했을까. 내심 마음에 들지 않았다. 그러나 도심의 도로를 팽팽하게 채워가며 빨갛게 출렁이는 물결은 마치 시들어가는 생명에 새로운 생기를 넣어주는 것 같았다. 죽어가는 생명을 살리기 위하여 헌혈을 하고 있는 굵은 핏줄처럼 보였다. 붉은 피가 생동감으로 흐르며 터져 나오던 그 함성, '대~한 민국'앞에 세계가 '월드컵 축구' 4강의 길을 내 주던 그 감격의 대열에 나도 끼어들지 않을 수 없었다. 주춤거리던 마음에 용기를 내어 빨간 티셔츠를 입었다. 서툴기만 하던 손뼉 장단도 어느새 가락을 맞추어가며 통쾌하였다. 희열에 찬 마음속에서 나도 모르게 '~선열아 이 나라를 보소서~'라는 〈3 · 1절 노래〉도 터져 나왔다.

어릴 적에 어머니는 여름마다 내 손톱에 봉선화 물을 들여 주려고 애를 쓰셨다. 봉선화 꽃이랑 이파리를 뜯어 고수초와 숯, 소금, 백반을 넣고 찧어서 손톱 위에 얹고 아주까리 잎으로 감싸서 굵은 무명실로 칭칭 감아 주었다. 감긴 손가락은 금세 근질근질하고 얼얼한 통증으로 느껴져 빼내어 버리고 싶었다. 그러나 빼내지 말라고 신신

당부를 하며 잠 들 때까지 무릎베개를 대어주고 부채질을 해 주시던 어머니. 아침에 일어나 멍멍해진 손가락들을 풀어 보면 시뻘게진 손톱과 손가락 마디에 섬뜩한 느낌도 들었다. 그러나 빨갛게 물든 딸의 손톱을 보면서 어머니는 만족해하셨다. 그것이 딸의 건강을 염려하던 어머니의 사랑이었음을 그때는 몰랐었다.

어머니의 사랑이 그리워서일까. 해마다 손톱은 물론 발톱에도 봉선화 물을 들인다. 랩과 스카치테이프만 있으면 되므로 간편하게 혼자서도 할 수 있다. 봉선화 이파리와 꽃잎을 뜯어서 백반과 함께 유발 안에 넣고 유봉으로 잘근잘근 찧는다. 풋풋하게 풍기는 그 냄새에 정감이 인다. 짓이겨지며 새어나오는 붉은 색감이 신선한 피의 색깔로 느껴진다. 손발톱에 피어난 봉선화의 빨간 열정으로 하얀 겨울을 기다린다.

손자 녀석이 다섯 살 때이던가. 빨갛게 물들여진 내 손톱을 보고 궁금해 하더니, 즉시 봉선화 물을 들여 달라고 졸라댄다. 하여 봉선화 꽃잎 몇 개 으깨어 손톱에 얹어 주었더니 한 시간도 견디지 못하고 빼 버린다. 그래도 녀석의 여린 손톱은 어느새 핑크빛으로 물이 들었다. 예쁘다고 좋아하던 기분도 잠시, 녀석은 그 핑크색을 지워 달라고 야단이다.

한 번 물든 것은 다시 지울 수 없다고 아무리 설명을 해 주어도 막무가내로 억지를 부리며 울음보를 터뜨린다. 이래저래 궁리하다가, 그러면 병원에 가서 손톱을 빼는 수밖에 없다고 하였더니 울음을 뚝 그쳤다. 기발한 생각이라고 우쭐했었는데, 녀석의 정서에 얼마나 두려운 충격이었을까 싶어 두고두고 후회스럽다.

지금은 봉선화 물이 아니어도 매니큐어를 이용하여 언제든지 빨간 손톱은 물론 다양한 색상의 손톱 미를 연출할 수 있는 시대이다. 손재주가 없는 사람은 네일아트에 찾아가면 원하는 대로 아름답게 손질해 준다. 어디 그뿐인가. 시판되는 봉선화물도 있어 사철 빨간 손톱으로 치장할 수도 있다.

그래도 나는 옛 방법을 고집하며 봉선화 물을 들이고 있다. 내 건강을 염려하시던 어머니의 사랑을 생각하면서.

2009. 9. 23.

신부의 꽃

사각봉투의 소식이 날아온 것을 보니 가을은 이미 시작되었나 보다. 자연은 풍성한 결실로 가을걷이를 기다리고 사랑의 손을 맞잡은 젊은이들이 혼인을 하는 가을. 모두 새로운 꿈을 열어가는 멋진 계절이다.

지인의 아들이 결혼을 하던 날, 유독 내 마음을 사로잡은 것은 신부가 들고 있는 부케였다. 하얀 수국과 장미로 꾸며진 부케는 은근한 멋을 풍기며 신부의 아름다운 모습을 더욱 우아하게 돋보여 주었다. 부케는 하얀 드레스를 입고 있는 여자를 신부로 완성하는 역할을 하는 것이라 했던가. 부케를 든 손을 다소곳이 가슴에 얹고 다른 한 손은 아버지의 팔을 잡고 행복하게 웃으며 입장하는 신부를 보면서, 사십여 년 전의 내 모습이 떠오른다.

연수기간이 끝나고도 행여 외국에 그대로 주저앉을까 싶어 서둘러 결혼식날을 결정해 버리고 귀국하기를 독촉하던 양가 부모님. 하는 수없이 결혼할 날을 열흘 앞두고 귀국하였다. 모든 준비는 양가에서 다 해놓았다고 했다. 귀국 후 몇 군데 인사를 다니고, 결혼 이틀 전에야 집에 도착하였다. 예식장에 가서 드레스는 골랐는데 부케는 준비되지 않았다. 조그마한 읍내라서 그랬던가. 부케를 만들 만한 꽃집을 찾을 수가 없었다.

궁리 끝에 들로 나가서 들국화를 찾기로 했다. 들국화 부케, 평소에 들국화를 좋아하였으니 금상첨화이리라. 들국화를 찾아 논두렁으로 산등성이로 돌아다녀 보았으나 눈에 띄지가 않았고 다른 꽃들도 찾을 수가 없었다. 그렇다고 실망이나 애타는 마음도 일지 않았다. 부케가 없다고 신부입장을 못하게 하는 일은 없겠지. 청명한 가을 햇살을 받으며 알곡이 익어가는 들녘을 그저 즐겁게 산책한 기분이었다. 빈손으로 집에 들어서는데 초등학교 교정에 있는 화단이 눈에 들어왔다. 화단에는 달리아, 맨드라미, 봉선화, 서광꽃 등이 피어 있었다. 그래! 답은 여기 가까운 곳에 있었구나. 파랑새를 찾아 멀리 돌아다니다가 집으로 돌아와서야 비로소 파랑새를 만났다고 했던가.

빨간 달리아를 택하였다. 망사 리본으로 모양을 낸 달리아 부케. 생뚱맞은 부케를 보고 의아한 눈총을 보낼 하객들의 표정은 관심밖에 두기로 했다. 만들어 놓고 하룻밤을 새운 빨간 달리아 부케가 결혼식 날에는 조금은 시들하게 고개 숙인 모습으로 신랑의 가슴과 신부의 손에서 수줍게 떨고 있었다.

웨딩부케는 유럽풍이다. 질병과 악령으로부터 신부를 보호하고 다복과 다산을 기원하는 의미에서 유래되었다 한다. 기원 4세기경의 부케는 다산과 다복의 의미에서 주로 곡물 다발(벼, 수수 이삭 등)로 만들었다. 중세기에 들어 꽃다발 부케가 등장하였다. 결혼을 앞둔 신랑이 들에서 꺾어온 꽃들로 꽃다발을 만들어 신부에게 사랑의 징표로 준 것이 부케로 이어졌고, 신부는 그중 한 송이를 뽑아 신랑의 가슴에 달아 주던 것이 부토니아가 되었다. 또한 결혼식 후, 신부가 부케의 꽃을 한 송이씩 뽑아서 하객에게 전해주며 기쁨을 나누던 것이 부케를 던지는 풍습이 되었다.

순백의 웨딩드레스와 잘 어울리는 하얀색의 부케는 순수성을 강조하며 흰 장미, 백합, 카라 등이 사용되었으나 최근에는 다복에 의미를 더하며 하얀 수국이나 은방울꽃들이 사랑을 받는다고 한다. 또한, 사랑이란 말의 대표색깔인 핑크빛 부케도 등장하고, 개성과 발랄한 특성을 살려 눈에 확 튀는 색깔(오렌지, 빨간색 등)의 부케도 선호하는 경향이라 한다. 그러고 보면 사십여 년 전에 궁여지책으로 들었던 내 빨간 달리아 부케는 시대를 앞선 부케가 된 것이 아닌가.

당시 내가 일하던 직장에서는 하루가 스물다섯 시간이라 해도 모자랄 지경이었다. 집안일인들 어디 단출하였던가. 맏며느리로서 두 아이의 엄마로서 할 일은 많기만 하였다. 그래도 늘 최선을 다하였다고 말할 수 있다. 튼튼한 체력도 아니면서 어디서 그런 열정이 나오는지 모르겠다는 말들을 하였지만, 나는 그저 하는 일에 보람을 느끼며 신명이 났었다. 어쩌면 그 일을 하기 위해 태어난 사람처럼 느껴지곤 했다. 현직에서 물러난 뒤 내 생을 뒤돌아보면 일에 대한 그 열정이 어디에서 솟아났던 것인지 궁금해질 때가 있다.

성인으로 발돋움하는 결혼식, 신부가 들고 있는 부케는 그 꽃이 품고 있는 의미처럼 살고 싶은 욕망의 표시일 것이다. 그렇다면 내가 빨간 달리아를 선택하게 되었던 것은 그런 열정을 품고 살고 싶었던 것일까. 어쨌든 나는 그렇게 살아왔고 그런 삶에 조금의 후회나 아쉬움은 없다. 아니 보람되게 살았다는 자부심이 앞선다. 그래서일까. 그때는 볼품없다고 조금은 부끄럽게 생각했던 내 빨간 달리아 부케가 지금은 더없이 자랑스럽게 여겨진다.

이제 신부는 하얀 부케를 뒤로 던진다. 떠들썩한 환호성과 동시에 팽팽한 긴장감이 인다. 방향 없이 뒤로 던지는 부케를 잡을 행운의 숙녀는 누구일까. 숙녀들은 체면을 차리지 않는다. 부케가 떨어지는 쪽으로 모두 몸을 돌리며 손을 뻗친다. 흡사 야구장에서 홈런볼을 서로 잡으려는 관중의 모습이다.

용케도 부케를 잡은 한 아가씨가 손을 높이 들고 자랑스럽게 흔들고 있다. 모두 축하의 손뼉을 치며 즐거워하는 모습들로 결혼식장의 분위기는 최고조에 이른다. 참 아름다운 정경들이다. 신부의 꽃, 그것은 삶의 고리를 행복스럽게 이어가는 사랑의 전령사라고 말하고 싶다.

2011. 9. 17.

9

불경기가 계속되고 있다. 상가는 한산하기만 하다고 걱정들이다. 가게를 지키고 있는 상인들이나 시장바구니를 들고 어슬렁거리는 손님들이나 모두 시들한 표정이다. 조용하던 마트 안에 갑자기 확성기 소리가 울린다.

"시금치 한 단에 990원, 7시까지 한정 판매합니다."라고, 굵직한 바리톤 목소리는 반복된다. 우르르 장바구니들이 달려간다. 시끌벅적하게 웅성거리며 주고받는 손길이 부산스럽다. 이제야 시장다운 맛이 난다. 원가에 절반도 못 미치는 값을 내놓고 손해가 막심하겠지만 시장 분위기를 살리려는 그 발상이 고맙고 반갑다.

9라는 숫자는 참으로 묘하게 사람 마음을 끌어당기는 힘이 있는 것 같다. 그러고 보니 그 모양이 갈고리 같기도 하다. 멀리 있는 것도 슬그머니 끌어당길 수 있는 갈고리. 폭력이나 우격다짐으로는 통하지 않는 갈고리 법칙이다. 그래서인지 종종 9자로 마무리된 가격표들을 보게 된다. 90원, 990원, 9,900원 등. 단돈 10원 아니면 100원 차이인데 엄청나게 싸다는 느낌으로 상표를 따라간다. '누이 좋고 매부 좋고'의 세언이 빛을 발하게 되는 것이다.

우리나라의 풍습에서 아홉수는 양면성을 띠고 있는 것 같다. 양陽을 대표하는 으뜸 수로 최고의 의미를, 또는 손이 없는 길일이라 하여 대사 날로 잡기도 한다. 반면 해(나이)와 관련될 때는 불운의 상징인 양 꺼리는 경향이 있다. 이 때문에 어떤 젊은이들은 아홉수의 해에 결혼하는 것을 피하기도 한다. 또 노년기에는 행여 생을 달리하게 될까 봐 걱정들을 하기도 한다.

그러나 나는 그런 관습에 별로 신경을 쓰지 않는다. 하여 약관의 아홉수에 결혼을 하였고 아홉 시간의 진통 끝에 첫 아들을 얻었다. 불혹의 아홉수에 영예스러운 승진도 하였다. 이제 이순의 아홉수에 새롭게 보람을 느낄 또 하나의 일을 할 수 있기를 희망한다.

9백 원으로 행복했던 소녀 시절의 일이 생각난다. 가정형편 때문에 초등학교 졸업 후 바로 진학을 할 수가 없었다. 그걸 빌미로 예배당에 나가는 것을 허락받았다. 시골에서 변변하게 읽을거리 하나 없던 터라 예배당에서 찬송가를 부르고 성경을 읽을 수 있다는 것이 정말 좋았다. 궤도에 걸린 성경을 읽었고 찬송가를 배웠다. 내 성경, 찬송가를 갖고 싶었지만 용돈이란 것도 없던 시절이었다. 거의 일 년 동안 간신히 모은 돈 9백원으로 신약성경을 한 권 샀다. 딱히 성경이라서기 보다 내 책을 갖게 되었다는 그 기쁨은 무어라 표현할 수 없는 흐뭇함이었다. 읽고 또 읽고, 중학교에 들어갈 때까지 반복해서 읽어도 싫증 나지 않았다. 그렇게 성경을 읽으며 진학하지 못하여 흘리던 눈물을 삼킬 수 있었다.

오래전에 고속버스를 타고 오다 교통사고를 당하여 죽을 뻔한 일이 있었다. 그 후로 장거리 여행을 할 때는 버스 타는 것을 기피해 왔다. 그러나 '세월이 약'이라는 것 때문일까, 불경기를 계산한 것일까. 이번 나들이는 버스 편을 이용하기로 하였다. 매표소 창구에서 한참을 망설였다. 결국 우등버스의 편리함보다 일반버스의 실속을 택하였다.

일반버스표를 갖고 출발시각을 기다리며 앉아 있는데 마음속이 부글거린다. 좀 편안하게 가면 어때서 구태여 좀생원 티를 내느냐고 스스로를 핀잔한다. 가는 시간은 똑같은데 절약하는 것이 당연하다고 마음 한구석에서 우김질을 한다. 향방 없이 두리번거리던 눈길이 서점으로 향한다. 혹 그 책이 있을까. 서점 안으로 들어갔다.

'꾸준하게 잘 나가고 있습니다.' 라고 말하며 사고 싶던 책을 찾아 주는 서점 아저씨, 책값이 9천 원이란다. 아니 이런 횡재가! 일반버스를 타기로 결정한 것은 참으로 잘한 일이다. 책을 한 권 사고도 남은 차액으로 가볍게 점심 요기療飢까지도 할 수 있겠다. 싱글거리는 마음으로 버스에 올랐다. 다른 때 같으면 차창 밖에 변화되는 자연의 풍경을 즐기다가 깜박 한잠을 자고 나서도 지루함을 느끼는 거리이지만 오늘은 9천 원이 주는 재미에 쏙 빠져들었다.

읽기만 해도 흐뭇한 기쁨과 재미를 안겨주는 아름답고 귀한 보석들. 각각의 보석들을 따라 동서고금에 얽힌 학문의 깊이와 인생의 향취, 생활 속에 숨어 있는 다양한 여운에 홀려 들었다. 왕복 아홉 시간이 전혀 지루하지가 않았다.

9천 원으로 산 참으로 행복한 아홉 시간이었다.

2009. 3. 9.

장場터에는

아파트단지 내 도로에 있던 차車들이 잠시 자리를 비켜준다. 깔끔하게 단장을 한 도로는 5일 장터가 되어 당당하게 떠들면서 찾아오는 자칭 신토불이 먹을거리들을 기다리고 있다. 편안한 옷차림의 사람들이 웅성거린다. 엄마 손잡고 뒤뚱거리며 따라다니는 아가의 눈이 두리번거린다. 장터는 특별히 살 것이 없더라도 한몫 끼여 기웃거리고 싶은 곳이다.

어릴 적에는 어머니를 따라 장에 가고 싶어서 안달을 부렸다. 걸어서 가고 오는 길 삼십 리나 되었지만 그저 신명이 났었다. 성황당이 있는 산허리를 돌아갈 때는 움찔해서 발걸음을 잽싸게, 저수지 곁을 지날 때는 잔잔한 물결 따라 춤을 추듯이 사뿐히, 초록빛 넓은 벌판이 보이는 높은 둑길에선 팔짝팔짝 뛰면서 따라갔다.

장터에서 어머니가 사는 것은 뻔했다. 바늘이나 실, 가족들의 고무신이나 양말, 젓갈이나 명태 한두 마리 등. 그러면서도 어머니는 번번이 온 장터를 다 돌아다니셨다. 사철 농사일과 집안일에만 묶여 있던 어머니의 눈길이 흥정이란 이름의 미끼로 다양한 삶의 모습들에 입질을 해보며 만남의 정情을 즐기는 모습이었다. 나도 어머니 뒤를 따라다니며 이것저것 구경하는 것이 좋았다. 특히 엿장수의 찰랑거리는 가위 소리와 구성진 타령이 흥겨웠다. 따라가던 걸음 멈추고 엿판 앞에서 군침을 삼키고 있으면 어머니의 쌈지에서 어렵사리 동전 한 개 비집고 나와 쫀득하고 달콤한 엿이 입안에 들어올 때도 있었다.

〈화개장터〉라는 노래가 유행하던 시기에 틈을 내어 그곳에 가보았다. '퍼뜩 오이소.', '쪼매 더 싸게 주랑께~이.'가 어우러져 흥정하는 모습에서 누룽지처럼 구수한 정감이 풍긴다. 섬진강 푸른 물줄기와 하얀 모래톱의 수려한 자태, 드넓은 반원으로 기름지게 펼쳐진 평사리 들녘에 비하여 화개장터는 농기구 중심의 자그마한 시골 장터였다. 그래도 〈화개장터〉의 노랫말처럼 있을 건 다 있었다.

길가 좌판에 세워진 푸성귀와 약초들의 촌스러운 모습에 소싯적 향수를 느꼈다. 꾸밈없이 투박하게 들려오는 사투리들을 즐기는 듯 화개천川은 정갈한 물줄기를 섬진강으로 흘러보내며 화개장터의 낭만적 풍치를 더하여 주었다. 우리도 낫 한 자루 사 들고 돌아서는데, '쭈리 받아 가이소.' 하는 낯선 소리에 웃음을 터트리며 화개천을 건넜다.

〈화개장터〉 노래 덕분인가. 요즈음의 화개장터는 전라도와 경상도 사람만을 위한 5일장이라고 말할 수가 없을 것 같다. 오히려 전국 관광객을 위한 주말 장터라 불러야 할 것이다. 장터 자리도 옮겨졌고 진열 상품도 다양해져서 예스러운 풍치는 덜하지만 길가에 자리 잡고 있는 푸성귀와 약초들의 여전함이 정겨웠다. 야생초들이 수줍은 듯 배시시한 웃음으로 기다리고 있음도 반가웠다. 엿장수의 현대식 각설이 타령이 농악처럼 흥겨워서 오랜만에 '엿가락 치기'도 해보았다. 장바닥을 한 바퀴 돌아보는 길 한 쪽에 〈역마〉의 인물들이 조형되어 있었다. 지금의 활기 넘치는 장판의 분위기와는 달리 주인공 성기가 엿판을 지고 떠나는 뒷모습은 왠지 마음 한구석을 짠하게 한다.

화려해진 화개장터 구석진 곳에 있는 간이 대장간이 오랜만에 만난 친구인 양 발길을 붙잡아 세운다. 발갛게 달구어진 쇳덩이를 묵직한 쇠망치로 두들기며 농기구와 초가용 문고리들을 만들고 있는 아저씨에게 고마운 마음이 일었다. 시대가 변하고 상품가치가 달라졌을지라도 묵묵히 장인의 혼을 불어넣고 있음에 최상급 달인 상을 드리고 싶다. 호미 한 자루 샀다. 삼십여 년이 지나도록 변함없는 모습 그대로인 우리 집 마당에 잘 어울릴 것 같아서.

삐뚤삐뚤한 글씨로 '맛 좀 보세요.'라는 쪽지가 포도송이 사이에 끼어 있음에 피식 웃음이 나온다. 한 알 따 먹어 본다. 그 새콤달콤한 맛에 지갑을 연다. 뻥튀기 아저씨는 뻥튀긴 과자 하나 건네주며 먹어보란다. 노총각의 털털한 넉살에 어물전의 비릿함도 훌훌 날아가 버린다. 신토불이 과일과 야채들의 때깔이 곱디곱다. 먹음직스러운 반찬들이 핵가족 세대를 손짓하고 있다. 천 원어치만 사는데도 한 움큼 더 얹어주는 건어물 아줌마의 손길은 바닥난 경제를 치켜올리는 흐뭇함이다. 한 뭉치 삼천 원, 두 뭉치 오천 원에 장바구니가 그득해진다.

장터에는 늘 풋풋한 생동감이 있어 좋다. 스스럼없이 밀고 당기는 흥정과 손해 본다면서도 조금 더 얹어주는 후함에 마음까지 넉넉해진다. 김이 모락모락 나는 찐빵 하나 맛보라며 이웃 간의 정情도 새로워진다. 힘들고 어려운 생활고生活苦의 가닥들은 앞치마 안자락에 접어두고 호탕한 웃음으로 열심을 다하는 모습들에 불경기의 그늘은 앉을 자리를 찾지 못할 것 같다.

시들한 기분도 금세 활기를 찾게 되는 장터, 헐렁한 옷차림으로 손지갑 하나 달랑 들고서도 작은 행복을 느낄 수 있는 곳이라서 좋다. 5일장이 열리는 날을 기다린다.

2008. 8. 3.

까치밥

까치밥이란 이름으로 감나무 꼭대기에 남겨놓은 감을 따보려 돌팔매질을 무던하게 했었다. 초겨울이 되면 앙상한 감나무 가지에 그때까지 달려 있는 감을 쪼아 먹는 까치들을 보며 비로소 까치밥의 훈훈한 의미를 알게 되었다.

고향 마을 뒷산 입구에 커다란 감나무 한 그루가 있었다. 떨어진 감꽃을 실에 꿰어 목걸이도 팔찌도 월계관도 만들며 즐거워했다. 남자친구가 은근슬쩍 건네준 감꽃 목걸이를 걸고 어린 가슴 한구석엔 이성에 대한 동경의 싹도 자라고 있었다. 보릿고개의 허기진 아이들에게는 군것질거리도 되었다. 땡감도 홍시도 떨어지는 대로 모두 먹을거리가 되었다. 가을이 되면 빨갛게 익은 감은 항아리에 들어가 겨울을 기다린다. 껍질이 벗기어져 처마 밑에 매달리게 되는 감은 호랑이가 제일 무서워하는 곶감이 되어 우는 아이들의 눈물을 닦아준다.

감나무 그늘은 아이들의 즐거운 놀이터가 되었다. 감꽃을 줍던 손길은 어느새 소꿉놀이로 변한다. 떨어진 감꽃과 돌멩이와 사금파리, 흙으로 신랑 · 각시놀이를 하면서 가족애를 키워간다. 올망졸망한 돌멩이로 공기놀이를 하는 꼬막손을 따라 까만 눈망울이 반짝거린다. 짤막짤막하게 이어진 고무줄을 잡고 서서 팔랑팔랑 뛰는 종아리가 고무줄 따라 점점 길어진다. 팔팔뛰기 선을 그어놓고 차근차근 던져진 돌멩이를 다시 잡으려 안간힘을 쓰는 놀이를 하며 살아가는 적응력을 키웠다. 깨진 사금파리를 튕기며 이어가는 땅뺏기놀이가 진지하다. 한정된 공간 안에서 한 뼘이라도 더 차지하려는 눈빛은 어느새 농토에 대한 소중함을 깨우치는 놀이로 자리매김한다.

열서너 평 됨직한 앞마당에 서 있는 한 그루 감나무. 겨우내 강추위에 시달리면서도 여린 생명을 품고 있다. 겨울부터 시작한 감나무의 태동, 봄이면 연둣빛 연한 잎들을 앙증스럽게 쏟아낸다. 여린 감잎들을 '감잎차'란 이름으로 따버리는 손길도 있다. 감잎차로 팔려간 친구들의 희생에 붉은 띠를 맬 줄도 모르는 남은 잎들은 묵묵히 초록빛 싱그러운 향연으로 감꽃을 준비한다. 화려하지 않은 색채로 피었다가 깔끔하게 떨어지는 감꽃은 벌, 나비들과의 만남도 수줍음 속에서 조용히 열매를 준비한다.

밤톨만 하게 익어가던 감이 자꾸만 떨어진다. 장마와 태풍에는 후루룩 많이도 떨어진다. 눈여겨보니 진드기와 사투를 하고 있다. 공해 탓일까. 안타까운 마음에 농약을 치지 않은 것을 후회한다.

손 씨름으로 진드기를 제거해 본다. 당할 재간이 없다. 그래도 가을이 되니 단풍진 감나무 잎들 사이로 빨갛게 익은 감들이 맵시 있게 걸려 있다. 풍성하게 잘 익은 감, 이제는 사람들의 먹을거리가 된다. 새들의 먹이도 된다.

하지만 차마 따 먹을 수가 없다. 저렇게 멋진 모습을 보여주려 얼마나 힘들게 버티어 온 감들인데. 따먹는 순간의 달콤한 입맛보다는 자연이 주는 정물화를 감상하는 즐거움을 즐겨보기로 한다. 눈치 없는 까치들, 아직 까치밥이란 이름을 주지도 않았는데 벌써부터 군침을 삼킨다. 까치는 물론 참새들도 날아와 흘깃흘깃 눈치를 보며 쪼아 먹기 시작한다. 어머님의 조바심, 서둘러 딸 것을 재촉하신다. 망설이기만 하는 나를 대신해 손수 감나무가지를 흔드신다. 말랑하고 달콤한 맛에 변비걱정을 잊는다.

가지가 높지 않아 손 올려 딸 수 있는 감들이지만 어머님은 까치밥으로 몇 개 남겨 두셨다. 까치 한 쌍이 날아와 고맙다는 고갯짓으로 쫑긋쫑긋 쪼아 먹는다. 욕심스레 다 먹어치우지 않고 넉넉히 남겨둔 채로 떠나는 까치들의 배려가 대견하다. 까치들이 떠난 자리에 참새들이 찾아와 쪽쪽거린다. 얼기설기 찢기어져 반쪽만 남은 까치밥. 빨갛게 맑은 표정 그대로 또 다른 새들을 기다려 주는 모습에 가슴 찡한 충격이 인다.

반쪽만 남은 모습으로 달려 있는 감을 보면서 새삼 복잡한 마음이 되는 것은 무슨 이유일까. 존재가치가 다만 희생을 의미한 것이라면 감나무는, 감은 억울하지 않을까. 모든 수고가 끝나고 이제 아름다운 모습으로 남아있고 싶은 시기에 사람들의 먹을거리로 떼어지고 까치밥으로 쪼아 먹임을 당한다. 그래도 감나무와 감의 표정은 일그러지지 않고 한결같이 당당한 모습이다. 우리가 알 수 없는 어떤 자부심과 비밀을 간직하고 있나보다.

'땅 위의 열매 맺는 모든 식물은 너희의 먹을거리가 되리라.' 한 그 절대적인 진리에 순응하는 아름다움인가. 빨간 피 한 방울 흘리지 않고 그 전부를 까치밥으로 내어주는 빨간 감의 찢기어진 모습이 사랑의 결정체로 눈이 부신다. 감나무에 걸린 빨간 사랑은 겨울새들의 허기진 배와 추위를 달래주는 부뚜막이다.

내년에는 까치밥을 더 많이 남기리라는 생각을 한다. 보기에 심히 아름다운 세상이었다는 칭찬을 기대하며…….

2007. 12. 21.

음치, 그리고 사랑

주일날 아침은 새로운 마음으로 들뜬 기분이 되어 부산하게 서두른다. 평일보다 조금 한산한 거리에 아침 정기精氣가 싱그럽다. 찬양집이 들어있어 묵직한 가방을 들고 즐거운 발걸음으로 찬양대실로 들어간다.

지정된 단복을 입고 마음을 가다듬고 두 손을 모은다. 거룩한 찬양을 부를 수 있는 자리에 세워주심을 감사드리며 마음속에 잔잔한 환희의 물결이 출렁인다. 한 시간 가량의 연습이 계속된다. 소프라노, 알토, 테너, 베이스의 4파트가 열심히 자기들의 음색을 확인한다. 가사 전달을 위한 발음과 음량의 고조와 박자감각을 맞추고 음률의 강약을 살리며 조화를 이룬다. 지휘자의 표정이 밝아진다. 연습의 효과로 자신을 갖게 되는 마음속에 흐뭇한 기쁨이 일어난다. 마음을 가다듬고 예배실로 향하는 발걸음이 즐겁다. '우리의 찬양을

받아주소서'

어릴 적에 내가 제일 두려워하던 수업은 음악 실기시험이었다. 50여 명의 반班 학생들 앞에 한 명씩 나가서 담임선생님의 오르간 반주에 맞추어 노래를 불렀다. 두 손을 마주 잡고 몸을 좌우로 흔들면서 맑고 고운 목소리로 박자도 틀리지 않게 잘 부르는 친구가 그렇게 부러울 수가 없었다. 내 차례가 되면 방망이질 치는 심장 박동은 걷잡을 수 없이 불협화음이 되고 부들부들 떨리는 다리에 힘이 빠진다. 정신을 가다듬고 나도 한번 잘 해보자고 다짐을 하며 반주 소리에 귀 기울여보지만 번번이 첫 박을 놓치고 만다. 대충 되어간다 싶은데 고음의 소절에 와서는 소리가 잘 나오지를 않는다.

그래도 학예회 때는 반 전체가 하는 합창대원으로 참여할 수 있었다. 그렇게라도 무대에 설 수 있다는 것은 기분 좋은 일이었다. 음악에 소질이 있는 친구들과 달리 자신이 없는 나는 연습을 더 많이 할 수밖에 없었지만 그것은 오히려 즐거움이었다.

"뻐꾹 뻐꾹 산속에서 울면 뚝딱뚝딱 나무 찍는 소리 … 해는 저문다." 카랑카랑하게 합창이 시작되고 메아리치듯 돌림노래로 반복하고 긴 여운을 뽑다가 멋지게 휘돌리는 선생님의 지휘봉에 따라 합창이 끝난다. 자랑스럽게 히죽이는 웃음소리가 무대 뒤에서 소란스럽다.

오락시설이 별로 없던 1950년대. 겨울방학이 되면 동네 오빠들이 주축이 되어 신파극을 준비하여 동네 사람들에게 볼거리를 제공하였다. 어른들은 주로 '신라의 달밤, 황성 옛 터' 등의 독창을 준비하였고, 오빠 언니들은 〈심청전〉, 〈이수일과 심순애〉, 〈장화홍련전〉 등의 연극을 준비하였다. 우리들은 무용(노들강변, 도라지, 아리랑, 울 밑에선 봉선화야 등)과 합창을 준비하였다. 아이러니하게도 우리가 맡은 무용이나 합창 준비를 몸치이며 음치인 내가 앞장설 수밖에 없었던 사실은 또 다른 의미의 기쁨과 열정을 불러일으켰었다.

공연 장소는 주로 오동나무집을 빌려 사용하였다. 우람한 오동나무가 뼁 둘러서 있는 그 집 마루는 무대로 사용하기에 안성맞춤이었다. 큰 방을 중심으로 한 마루는 사랑방과 부엌으로 통해 있었으므로 한쪽 방에서 준비하고 나와 공연을 하고 뒷문으로 퇴장하면 다른 방에서 대기하고 있다가 출연하였다. 무대의 커튼은, 어머니들의 하얀 치마를 몇 개 빌려다가 처마 밑에 줄을 치고 서로 연결하여 걸어서 활용했다. 멍석을 여러 개 펴 놓은 마당이 객석이 되었고 마당 한쪽에는 추위를 달래는 모닥불이 불똥을 튕기며 타닥거렸다. 준비도 엉성하고 연기도 신통치 않았겠지만 우리들은 신명 나게 열성을 부렸고 동네 사람들은 모두 즐거워하였다.

요즈음 성행하는 노래방. 울적할 때는 혼자서도, 명절에는 가족 단위로, 회식 후에는 단체로 들르게 되며 모두들 선호하는데 나는 거의 피하는 형편이다. 그래도 1년에 한두 번씩은 단체에 어울려 참여하게 된다. 난 곡목도 들어본 적이 없는 노래들을 흥겹고 구성지게 잘도 부르는 동료들이 많이 부럽다. 언제 저렇게 배우고 연습할 시간이 있었을까. 아니 타고난 재능이 있는 것이겠지.

성화에 못 이겨 나도 한 곡조 뽑을라치면 반주로 나오는 효과음이 내 소리를 삼켜버리고 만다. 박자 맞추기도 여전히 자신이 없다. 그래도 흥興을 돋우고 싶어 손뼉도 치고 어깨도 으쓱거려 보며 탬버린이라도 열심히 찰랑거려 본다. 나도 노래방에 자주 다니며 한두 곡은 연습 좀 해 두어야지 하는 마음도 일어나지만 돌아서면 그만이다.

음치이던 내가 감히 천사도 부러워한다는 찬양대의 일원이 되어 매주 경건한 찬양의 단상에 설 수 있고 가끔 연주회에도 참여할 수 있다는 것은 참으로 기쁘고 감사한 일이다. 마음 한편으로는 내가 어떻게 이 자리에 설 수 있게 되었을까 하는 의구심이 일어난다. 알토 대원이 부족하기 때문일까. 음치임에도 불구하고 노래를 좋아하는 감흥感興 때문일까. 자신 있을 때까지 연습을 거듭하는 열심 때문일까. 음치도 개의치 않고 찬양을 기뻐하시는 하나님의 사랑 때문일까.

'하나님은 사랑이시라.' 그 사랑의 향기가 우리들의 생활 속에 아름답게 풍겨나기를 기대하며 호흡이 있는 날까지 계속 부르리라. 사랑의 노래를…….

2007. 2. 25.

웃으면 복이 와요

웃음 1.

'저도제가 무서워요.'

저게 무슨 말이야. '저도제가'가 무슨 뜻이기에 무섭다는 것인지. 한자는 어떻게 쓰는 것일까. '저도제가'가 아니라 '저도제'가 일까. 그래도 무슨 말인지 모르겠는 걸! 아니면 '저 도제가'일까. 그것도 아닌데, 새로 생겨난 신조어일까.

그냥 운전이나 하자 하면서도 궁금증은 커져서 자꾸 되내진다. '저도제가', '저도제'가, '저 도제가' 하고 한참을 구시렁거리며 궁리하다가 '저도 제가' 하고 띄어 보았다. 아! 웃음이 터져 나온다. 멈추어지지가 않는다. 옆 차에서 날 쳐다봤다면 아마 정신 나간 사람인 줄 알고 피해 가리라. 이대로 웃음이 계속되면 제대로 운전이나 하겠나. 잠시 차를 갓길에 세우는 것이 안전할 것 같다.

웃음 2.

설악산 대청봉을 오른 후, 하산하는 길은 완전 파김치 상태였다. 한여름 땡볕 아래 땀을 뻘뻘 흘렸다. 갈 길이 멀었지만 잠시 한낮의 폭염을 피하여 가자고 대피소에 들어갔다. 대피소 안은 텅 비어 있었다. 남편은 메고 온 짐을 내리느라 밖에 있는데, 아이들과 나는 체면 불고하고 등산화를 신은 채로 청 마루에 벌렁 드러누웠다. 햇살을 가린 것만으로도 시원했다. 그렇다고 잠을 청할 수 있는 시간적 여유도 없지만 또 새로운 곳에 대한 호기심도 있으니 자연히 눈을 두리번거릴 수밖에.

좌우 벽이 줄줄이 유리창문으로 되어 있어 실내가 훤하고 바람도 잘 들어온다. 갈비뼈 모양의 서까래가 드높은 천장을 받치고 있어서 더 시원하게 느껴진다. 출입구가 있는 쪽 벽은 커다란 신발장이 차지하였다. 앞쪽 벽 높은 곳에 굵직한 붓글씨로 '장산청대'라 쓰인 현판이 하나 걸려 있다. 아들의 궁금증이 나보다 앞선다.

"엄마, 장산청대가 무슨 뜻이에요?"

"글쎄, 엄마도 지금 그 뜻을 생각하던 참이야."

'장산청대'가 무슨 뜻일까. "장산골 마루에~"하는 노래의 고장이 이 어디쯤 있는 것일까. 아니 장산골은 강원도가 아닌데. 아니면 뭐 기다란 산에 큰 소리가 울리는 곳이란 말인가. 무슨 중국 무술에 나오는 말일까. 딸까지 셋이서 이러쿵저러쿵 하고 있는데, 그제야 남편이 들어 왔다.

"아빠, 저기 장산청대가 무슨 말이에요?" 이번에는 딸이 먼저 선수를 친다.

"뭐 장산청대라고?" 대답 대신 남편이 폭소를 터뜨린다. 커다란 웃음소리는 계속된다. 어리둥절한 우리는 멍하니 그 웃음이 그치기를 기다린다. 한참을 웃던 그이,

"장산청대가 아니고 대청산장."하고 또 웃는다.

'엥? 대청산장?' 이제는 우리들 셋의 웃음보가 동시에 터진다. 웃어도 웃어도 멈추어지지 않는 웃음. 떼굴떼굴 뒹굴면서 꺽꺽 숨이 막힐 지경이다.

웃음 3.

어느 마을에 바보라 놀림 받는 아이가 있었다. 사람들이 그 아이에게 백 원과 천 원 중 하나를 가지라 하면 아이는 늘 백 원을 집었다. 사람들은 그 모습이 우스워서 장난과 놀림은 계속되었다. 그 광경을 측은히 여긴 한 어른이 아이에게 알려주었다.

"애야, 백 원과 천 원 중 천 원이 더 크단다. 그러니 다음에는 천 원을 집어라."

그 아이가 대답하는 말,

"저도 알아요, 그런데 제가 천 원을 집으면 사람들은 더 이상 돈을 주지 않을 거잖아요."

하~, 그 아이 개그맨의 원조였나.

웃음 4.

자궁수축이 있을 때마다 통증만을 호소하던 산모가 끙~ 힘을 주기 시작한다. 드디어 자궁 문이 다 열렸다. 아두(태아 머리)가 보이기 시작한다. 3~4분 간격으로 수축이 반복될 때마다 힘주는 소리, 힘주라는 소리로 시끌벅적하다. 아두가 점점 더 많이 보이고, 45도 돌아가는 모습도 보인다. 그렇게 돌아서 산도와 틈을 맞추어야 잘 나올 수 있다는 것을 태아도 안다.

곧 나올 것 같던 아두가 멈추어 있다. 온갖 힘주기 방법이 동원되고, 분만 침대에 쇠걸이까지 꽂는다. 지연분만이 염려된다. 조급해진 조산사 다급하게 하는 말,

"아주머니, 쎄를 잡아 땡기며 힘주세요. 쎄."

진땀을 흘리며 힘주던 산모, 갑자기 자기 혀를 잡아당긴다. 어~, 모두 눈이 휘둥그레진다. 반대편에 있던 조산사가 얼른 "혀가 아니고 이 쇠를 잡아당기며 힘주세요. 이 쇠를" 하며 산모 손에 쇠걸이를 잡아준다. 아기가 무사히 태어나고 출산 후 산모 상태도 편안하다. 그제야 준비실에 모인 의료진들 폭소를 터트린다.

"그 된 경상도 사투리, 산모 잡을 뻔했네"

소. 문. 만. 복. 래.笑門萬福來, 예부터 웃으면 복이 온다고 했다. 최근 웃음의 효과가 검증된 의학계에도 웃음치료가 각광을 받고 있다. 웃음치료사가 있는 곳에 함박웃음이 터진다. 억지로라도 웃으라 한다. 박장대소를 하란다. 활짝 웃는 얼굴에 시들했던 우울 세포

가 깜짝 놀라서 꽁무니를 뺀다. 웃음이 건강을 챙겨 주고 복을 몰고 온다. 그런 의미에서 띄어쓰기를 하지 않아 나를 웃게 한 그 사람, 오른쪽 쓰기 현판으로 우리를 폭소에 잠기게 한 일, 천원 대신 백원만을 집는 아이와 경상도 사투리까지. 모두 다 훌륭한 웃음치료사다.

남에게 웃음을 선물한다는 것은 아무나 할 수 있는 일은 아니다. 그렇다고 웃음치료사나 개그맨만이 하는 것도 아니다. 평범한 일상 속에서 은근히 웃음을 선물하는 사람이 진정한 웃음재주꾼이다. 난 무엇으로 주변 사람들에게 웃음을 선물할 수 있을지를 생각해 본다.

소. 문. 만. 복. 래.

우리 집에 복이 오려나 보다.

2012. 7. 21.

제5부

방파제, 너울을 품다

방파제, 너울을 품다

바다가 있는 도시에서 직장생활을 하게 된 것은 동경하던 꿈이 이루어진 행운이었다. 짙푸른 위엄으로 끊임없이 출렁이는 물결, 푸른 너울 펄럭이며 은빛 모래밭으로 쏟아지는 하얀 물보라, 파도 소리 따라 나들이 나온 예쁜 조가비와 동글한 조약돌, 바다 위를 멋지게 비행하는 갈매기들의 하얀 날갯짓. 이 모든 풍광들이 매우 좋아서 처음 얼마 동안은 이틀이 멀다 하고 바닷가로 나갔다.

저만치 하얀 등대 우뚝 세우고 하얗게 뻗쳐 있는 방파제. 햇볕이 따스하고 바람이 잔잔할 때는 사람에게 일터도 되고 꿈 많은 사람들에게 낭만의 장소가 된다. 그 늠름한 기세는 노도처럼 몰려드는 바다 너울이나 해일을 막아주기도 한다. 달빛마저 사라진 밤에는 등댓불이 잘 비출 수 있도록 등대를 탄탄하게 지지해준다.

투명한 햇살이 쏟아지던 어느 날, 살랑거리는 바닷바람에 하얀 머플러를 나부끼면서 그 멋진 방파제 길을 거닐었다. 그러나 가까이에서 보는 방파제는 내가 생각하던 것처럼 낭만적인 것만은 아니었다. 깊이를 알 수 없는 시퍼런 바닷물을 막고 서 있는 방파제의 다리는 얼마나 시리고 무를까. 무서운 기세로 밀려오는 거친 풍랑이나 해일을 바라보면서 그 두려움의 크기는 무엇에 견줄 수 있을까. 세찬 파도와 바닷바람이 몰아칠 때는 휘청거리는 거동을 가누고자 안간힘을 써야만 하겠지. 하얗게 부서지는 물보라를 계속 맞고 있으면 그 얼굴도 몹시 따가우리라. 그런 생각을 하자니 듬직하고 멋스러워 보이던 방파제가 왠지 고독한 기관장의 모습으로 연상되었다.

방파제 길 밑에 이리저리 쌓여 있는 삼발이 테트라포드(tetrapod)는 그 거대하고 육중함이 어떠한 파도나 해일도 거뜬하게 방어할 수 있는 듬직한 모습이다. 테트라포드의 세 기둥이 엇갈린 사이로 철썩거리며 부서지는 바닷물은 까마득히 깊은 거리감으로 내려다보여서 오금이 굳어졌다. 그래도 방파제 벽에는 출렁거리는 물살에 흔들리면서 해초류와 조개류들이 찰싹 달라붙어서 사는 것이 마치 엄마의 자궁벽에 자리 잡고 성장해가는 수정란처럼 신기하였다.

내가 일하던 곳은 늘 긴장감으로 분주하게 뛰어다녔으나 생동감이 넘치는 일터였다. 아기가 태어나는 순간의 환희와 감격은 나를 그곳에 붙잡아매는 끄나풀이 되어 애정을 쏟으며 평생직장으로 일할 수 있었다. 해산을 위한 진통으로 괴로워하는 산부들을 간호하는 열두어 시간도 새 생명이 태어날 과정 중의 하나로 여기며 담담하게 지켜볼 수 있었다.

그곳에도 간혹 산후출혈이란 이름의 커다란 풍랑이 일어나기도 했다. 마치 방파제 한쪽에 구멍이 나서 바닷물이 쿨쿨 쏟아져 나오듯, 단단하게 수축하여야 할 자궁근육이 물렁물렁한 상태로 줄줄 흘러나오는 피를 막지 못하고 있다. 산부는 금세 하얗게 축 늘어진다. 의료진이 총동원된다. 출혈하는 원인을 시급하게 찾아야 한다. 각자의 할 일을 빈틈없이 잘 감당해야 한다. 쏟아지는 피의 양보다 더 많은 양의 수혈이 필요하다. 헌혈할 수 있는 혈액형을 찾는 방송이 다급하게 들려온다. 근무 중인 직원이나 보호자 중에서 헌혈실로 달려가는 소리가 들린다. 지혈할 수 있는 모든 방법을 다 적용한다. 차츰 출혈이 멎으면서 산부의 혈압과 맥박이 정상의 수치로 자리잡기 시작한다. 방파제의 기능이 다시 회복되었다.

웃어른을 모시고 일할 때에는 부서 내에 어떤 풍랑이 일어도 곧 수습되는 것을 당연한 것으로 알았었다. 그러나 웃어른이 떠난 그 자리에서 종종 거세게 일어나는 풍랑과 파도를 잔잔하게 잠재우는 일은 결코 만만치가 않았다. 부서 간에 얽힌 엉뚱한 오해가 급물살과 같은 충격으로 밀려와 현기증을 일으키게도 했다. 고객들의 엇갈린 욕구불만이 바다 너울처럼 출렁이며 다가올 때는 앞을 바라볼 수 없는 혼란이 일었다. 노사 간에 엇갈린 주장이 갑론을박만 고집할 때는 물밀 듯한 울화가 치밀기도 하였다. 자기중심적인 견해로 거세게 밀려드는 물보라를 홀로 맞아야 하는 외로움에 서러울 때도 있었다. 그러나 그 모든 물살을 차분하게 가르며 방파제의 역할을 끝까지 감당할 수 있었던 것은 삼발의 테트라포드와 같이 각자의 자리를 잘 지키면서 합력하여 선을 이룰 수 있도록 지원해 주는 손길들 덕분이었다.

돌이켜보면 험난한 세상을 평탄한 행복으로 살 수 있었음은 크고 작은 방파제의 모습으로 지켜준 분들이 많이 있었기 때문이다. 그중에 가장 큰 방파제가 되는 분은 당연히 부모님이시다. 오빠와 형님들, 스승님과 선후배와 친구들, 직장 어른들과 동료들, 그리고 남편과 아들딸. 고마운 분들의 모습이 줄줄이 떠오른다.

지금의 내 모습은 어떻게 보이고 있을까. 나 자신은 조금 힘들고 어려울지라도 주위 사람들에게는 듬직하고 아름다운 낭만을 느끼게 하는 그런 방파제의 모습이었으면 한다.

방파제, 너울을 품었나. 잔잔하게 출렁이는 드넓은 바다에 파란 윤슬이 눈부시다.

2009. 4. 10.

나는 왕이다

낮과 밤이 바뀐 생활을 하는 나를 깨우려고 따르릉 따르릉 알람이 울린다. 황급하게 알람을 눌러 끄고 다시 이불을 뒤집어쓴다. 이대로 날이 밝을 때까지 계속 자고 싶다는 간절함, 그렇게 잘 수 있다면 우리 어머니가 원하시는 대로 홀쭉한 내 볼에도 살이 포동포동 찔 것만 같다.

하지만 일어나 밤 근무를 나가야 한다. 자꾸만 감기는 눈을 뜨려고 찬물로 세수를 한다. 정신이 번쩍 난다. 서둘러 얼굴을 가다듬고 머리를 단정하게 빗어 넘긴다. 하얀 제복을 입고, 검은 줄이 있는 하얀 캡을 쓴다. 왕관이다.

'응아 응아.' 티 없이 맑은 아가들의 아우성이 내 발걸음을 재촉한다. 수정같이 맑은 눈동자로 앙증스런 입을 올망이며 나를 기다리고 있을 내 귀여운 백성. 지금부터 내일 아침까지 나는 이 조그마한 왕국王國의 왕이 되는 것이다.

내 백성은 크고 작은 순서에 따라, 질병과 회복의 종류에 따라 4지파로 구분되어서 각자의 단독 주택(침상)에서 활동한다.

제1지파는 조산아早産兒들이 모여 있다. 뭐 그리 좋은 세상이라고 성급하게 칠팔삭둥이로 태어났는지.

스스로 체온조절도 못 하여 보육기 신세를 져야 한다. 체온이 내려가지 않도록 따뜻한 이불을 덮어주고, 더운물 주머니도 넣어준다. 실내 온도가 떨어지지 않게 보일러실에 연락도 하고, 기저귀도 규칙적으로 바꾸어 주어야 한다. 솜을 넣어 만든 하얀 우주복까지 입어야 하는 아가는 달나라라도 가는 우주인처럼 보인다.

젖을 빨 힘도 없는 아기가 있는가 하면 심지어 숨도 제대로 쉬지 못하는 친구도 있다. 젖(짜낸 엄마 젖이나 우유)을 빨 힘이 없는 아가에게는 위관영양(gavage feeding)이라도 시켜야 하는데 삼키는 반사까지 약하니 그마저도 조심에 주의를 기울여야 한다. 정맥주입으로라도 영양섭취를 도와야 하는데 혈관을 찾아 주삿바늘을 꽂는 것마저 어렵기만 하다.

숨 쉴 힘마저 없는 아가는 새근새근 얕은 숨을 쉬다가도 어느 순간 조용히 숨 쉬는 것을 멈추어 버린다. 아차, 하는 그 순간에 적절한 자극을 주지 않으면 아기는 그대로 하늘나라로 가게 된다. 걸핏하면 토하고, 질식이나 청색증이 나타나서 위험한 상태가 염려된다. 그러니 쉴 새 없이 이 집 저 집 찾아다니며 주의 깊게 관찰하고 보살펴주어야 한다.

제2지파는 생리적인 황달로 치료를 받아야 하는 아가들이다. 노랗게 되는 피부를 치료하기 위하여 선글라스를 대신한 검은 천으로 눈을 가리고 광선요법을 받아야 하는 친구들이다. 온몸에 광선을 골고루 받기 위하여 나체로 누워 있으니, 체온이 떨어지지 않도록 특별히 신경을 써야 한다. 탈수증에 빠지지 않도록 추가로 음료수도 먹여주어야 한다. 핵 황달로 진전되지 않도록 수시로 황달 수치를 검사해야 하기 때문에 아가의 쪼그만 발뒤꿈치는 퍼렇게 멍이 들게 된다. 수난의 기간이 지나면 노랗던 아가의 살색이 예쁜 핑크빛으로 되어 가는 것을 보는 기쁨은 모든 피로를 잊게 한다.

제3지파는 아직 어떻게 살아가야 하는지도 모르면서 이런저런 질병들과 싸우고 있는 친구들이다. 코에는 산소 줄을, 실핏줄 같은 혈관도 찾을 수 없어 머리에까지 정맥주사를 꽂고 있는 딱한 친구들. 살도 채 오르지 않은 엉덩이에 주사를 맞으며 자지러지게 울 때는 주사를 놓고 있는 내 손이 얄밉게 느껴진다. 산소마스크로 호흡을 조절해 주고, 입과 코에서 흐르는 분비물을 뽑아내 주기도 한다. 때론 밤을 새워 소생술을 실시해도 끝내 조용히 숨져 버리는 아가의 죽음 앞에서 느끼는 그 허탈과 우울한 마음을 왕이 되어보지 못한 자는 알 수 없을 것이다.

제4지파는 1, 2, 3의 지파에서 회복되고 치료되어 엄마 곁으로 갈 날을 기다리고 있는 친구들이다. 이 친구들, 맑은 눈동자를 깜박거리고 입을 쫑긋거리며 놀다가도 젖 먹을 시간만 되면 우렁차게 소리를 지른다. 배고프다고, 빨리 먹고 힘을 얻어 엄마 곁에 가겠노라고 야단이다. 젖병을 물리면 너무 급히 빨다가 숨차해 하는 욕심쟁이도 있다. 이 꼬마들, 아직은 흑백의 색깔만을 좋아하는가. 그 맑은 눈동자가 내 눈을 응시하며 놀면서 먹고 싶어 한다. 이럴 땐 바쁘다고 으름장을 놓을 수도 없다. 옆 친구들이 기다린다고 핑계할 수도 없다. 하는 수 없이 아이의 옹알이를 받아주며 좀 놀아줄 수밖에.

젖을 다 먹이고 트림을 시켜주고 기저귀도 바꾸어 주면 아가는 조용히 잠을 잔다. 평화스러운 얼굴에 방긋이 미소 짓는, 천사보다 더 예쁜 아가들. 이 귀여운 표정들을 키우며 '여자는 약弱하나 엄마(모성애)는 강强하다.'라는 말도 들을 수 있는 것이다. 엄마가 강해질 수밖에 없는 것, 그것은 아가의 힘이다. 어떠한 위험 앞에서도 이 귀여운 표정들을 구기고 싶지 않고, 상처 주지 않겠다는 마음이 여성을 강하게 하는 것이리라.

동짓달 긴 밤이 깊어간다. 하루의 일과를 마친 사람들은 달콤한 꿈나라를 즐기는 시간이다. 편안하게 쉴 수 있는 시간이 있어 고된 하루도 행복한 것이다. 그러나 단잠은커녕 밤을 꼬박 새우고 있는 나. 업무량이 많아 지치고 피곤한 몸이라고 투정조차 부릴 수 없는 것은, 나는 왕이기 때문이다. 숨쉬기도 힘들고 잘 먹지도 못해서 안쓰러운 아가들. 그래도 천사처럼 예쁘고 귀여운 내 백성이 건강하게 무럭무럭 자라서 더 큰 왕국을 이루어 나갈 수 있도록 최선을 다해야 할 책임이 있다.

나는 왕이다. 새날이 밝아 올 때까지…….

1967. 6. 일신월보에 게재

앞치마

집안일이라는 게 이렇다 하고 내세울 것도 없이 사람을 지치게 한다. 한나절을 서성거려도 일의 끝은 보이지 않고 힘만 드는 것이 집안일이다. 그래서 일이 밀려 있거나 피곤한 날에는 일을 시작하기도 전에 기분이 심드렁해진다. 커피 한잔을 마시고 앞치마를 찾는다. 알록달록 꽃무늬 색상이 고운 앞치마가 눈에 들어온다. 화사하고 상큼한 앞치마를 두르니 마음이 한결 가벼워진다.

궂은일을 도맡아 할 터인데도 앞치마는 늘 밝고 환한 모습이다. 구정물이 튕겨도 찡그림 없이 그대로 받아들인다. 젖은 손의 물기를 닦아내느라 꼬깃꼬깃하게 구겨져도 싫은 내색이 없다. 질퍽한 일 닥치는 대로 다 받아들이면서도 편안하게 본디 옷의 체면을 세워주는 앞치마는 그 용도도 다양하다. 그중에서 특별히 기억하는 앞치마

몇 개가 있다.

내가 코흘리개였을 때, 형님은 한복을 곱게 차려입고 하얀 앞치마를 허리에 둘렀었다. 무명베로 만든 큼지막한 앞치마는 아무 장식도 없이 치마 앞면을 모두 감싸주었다. 대가족의 맏며느리는 한 끼 밥상만도 서너 상을 차려야 했었다. 그래도 하얀 버선에 하얀 고무신을 신은 형님의 잽싼 발걸음이 하얀 앞치마 밑에서 정지바닥을 사붓거리는 소리는, 대나무 이파리들의 소곤거리는 것처럼 정겹게 들렸다. 하얀 앞치마는 수건의 역할까지 하느라 곧 후줄근해졌다. 그래도 다음날이면 여전히 풀기가 풋풋한 하얀 앞치마를 두르고 나오는 형님은 앞치마보다 더 환한 표정이었다. 고향 집 초가지붕 아래 화목한 웃음이 피어났던 것은 늘 밝은 표정으로 하얀 앞치마를 입고 하얗게 헌신을 아끼지 않은 형님의 마음이 있었기 때문이라는 생각이 든다.

갓 태어난 아가들을 위해서는 하얀 가제나 융絨으로 만든 턱받이용 앞치마를 사용하였다. 연하디연한 피부에 행여 생채기가 생기지 않도록 최대한 보들보들해야 하고 또한 면역력이 약한 아가들이므로 감염 예방 차원에서 멸균소독을 할 수 있는 그런 천이어야 했다. 태어나서 눈도 뜨기 전에 엄마 젖을 찾고, 빨고 삼키는 신생아들의 원초적인 반사작용은 몇 차례 시행착오를 거쳐 젖을 잘 빨 수 있게 된다. 그 과정에서 앞치마는 엄마 젖과 아이의 입 사이에 깔끔한 도우미 역할을 해주었다. 순하고 사랑스럽게 부드러운 모습으로.

수술실에서는 물기가 베어들지 않도록 고무나 비닐 같은 소재의 앞치마를 수술복 안에 입는다. 고무나 비닐은 멸균소독을 할 수 없기 때문이다. 그래서 앞치마라고 부를 수 없다. 그러나 수술을 준비하려면 먼저 고무나 비닐 앞치마를 입고 손 소독을 한 후에 수술복을 입는다. 수술복 뒤에 있으므로 모습은 보이지 않지만 환자와 시술자에게는 여전히 오물이나 피를 막아주고 수술복이 멸균상태를 유지할 수 있도록 지원해 주는 앞치마의 역할이다.

여름철에는 가능한 한 고무 앞치마를 입지 않으려고 요령을 부렸다. 사실 밀폐된 수술실에서 고무 앞치마 위에 수술복을 입고 머리에는 모자를 쓰고 코와 입까지 덮는 마스크를 쓴 상태로 수술이 끝날 때까지 장시간 버틴다는 것은 참 답답하고 힘든 일이었다. 하여간혹 이번 수술은 '큰 출혈은 없겠지.' 하고 고무 앞치마를 입지 않았다가 입은 옷은 물론 몸에까지 피투성이가 되어 후회를 한 적도 왕왕 있었다.

내가 근무했던 병원의 원장도 앞치마와 같은 분이셨다. 밤낮을 가리지 않고 응급환자들이 있는 현장에는 어김없이 나타나셨다. 살아날 희망이 거의 없는 조산아마저도 날이 새도록 손수 소생술을 담당하셨다. 어쩔 수 없는 상황에서도 분노를 터뜨리는 보호자들의 거친 항변도 묵묵히 동정심으로 응대하셨다. 살아가면서 앞치마와 같은 역할을 감당한다는 것이 얼마나 어려운 일인가를 원장님을 통하여 배웠다. 그런 원장님이 계셨기에 직원들은 평생의 일터로 여기며 만족하게 일할 수 있었다.

양로원이나 호스피스병원에서 사용하는 비닐 앞치마는 마음을 짠하게 한다. 어르신들은 한평생을 앞치마처럼 앞장서서 궂은일 도맡아 하며 살아오셨는데 이제는 앞치마의 도움을 받아야 하는 신세가 되었다. 떨리는 손놀림, 흔들거리는 머리, 삼켜져야 할 음식물은 입가로 흘러내린다. 어린아이처럼 누군가의 도움이 필요하다.

직원들만의 손길로는 식사 시중까지 다 들어주지도 못하는 형편이다. 거기 자원봉사자들의 노란 앞치마가 어르신들의 고무 앞치마와 마주한다. 자원하는 마음이기에 자연스레 풍기는 따스한 미소가 노란 앞치마와 아우러져 평화로운 분위기를 이루어낸다.

복지국가의 수준 여부는 자원봉사자의 수와 비례된다고 하였던가. 난 지금 자원봉사자로 일할 수 있는 형편도 못 된다. 그러므로 집안일이라도 앞치마처럼 예쁜 마음으로 감당하려고 애써본다. 형님의 하얀 무명앞치마를 떠올리면서.

2010. 7. 3.

우리 아기 맞습니까?

우리나라의 합계 출산율이 세계적으로 가장 낮으며 고령화 사회는 가속화되는 현상이라고 한다. 이에 대한 여러 가지 대책들을 제시하는 뉴스를 보며 착잡한 마음이다. 불과 40여 년 만에 이 얼마나 황당한 변화인가. 새삼 미래에 대한 예측과 그 준비를 하는 인간의 한계성을 절감한다.

'아들딸 구별 말고 둘만 낳아 잘 기르자.'라는 구호가 1960년대 초반부터 대두하기 시작하였다. 가족계획을 실천하는 것만이 복지국가로 발돋움할 수 있다는 정략을 추진하기 위하여 여러 가지 방법이 동원되었다. 인구 증가의 원인 중 하나가 아들 선호사상 때문이라고, 이 때문에 서서히 남녀평등의 길도 열리는 계기가 되었다고 기뻐하였던가. 사회 첫발을 가족계획 요원으로 시작한 나는 40여 년 가까이 산부인과 전문병원에 근무하였다. 그 많은 세월 동안 임

산부들과 보호자들 그리고 예쁜 아기들과 얽힌 사연들이 참으로 많다.

가족계획 운동이 성공적으로 전개되며 딸 아들에 대한 구별의 비중이 균등의 자리를 잡아가던 1980년의 어느 날, 친분이 있던 분이 임신 마지막달에 세 번째 제왕절개수술을 받기 위하여 입원하였다. 위로 딸 둘이 있고 막내가 열두 살이었다. 긴 터울을 두고 다시 임신한 것을 보면 당연히 아들임을 확인하고 온 것이었으리라. 다음 날 아침 세 번째 제왕절개수술로 건강한 남아가 태어났다. 수술실 밖에서 애타고 있을 보호자들을 생각하며 출생 후 처치가 끝나자마자 아기를 데리고 나갔다. 초조한 표정이 역력한 아기 아빠에게 "축하합니다. 아들입니다."하며 아기를 안겨주려는데 아기 아빠는 시들한 표정으로 "네, 딸인 줄 알고 있었습니다."라고 대답하는 것이 아닌가. 왜 이러실까 생각하며 다시 아들이라고 설명하여도 역시 힘없는 목소리로 "위로하지 않으셔도 괜찮습니다. 초음파 검사 결과 딸이었다는 것을 이미 알고 있었으니까요."하며 믿으려 하지를 않는다.

모든 가능성을 포기해버린 감성은 마지막까지 품어야 할 한 가닥 소망의 끈도 놓아버리게 하는 것일까. 문득 실망이란 벽 속에 갇혀서 새로운 희망으로 찾아오는 기회를 놓쳐버리는 우리 삶의 모습이 아닌가 하는 생각이 들었다. 하는 수없이 아기를 침대에 눕히고 아들임을 확인시켜주니 그제야 깜짝 놀라면서 우리 아기 맞느냐고, 아기가 바뀐 것은 아니냐고 오히려 반문한다.

수술 후 아직 마취상태에서 다 깨어나지도 않은 산모에게도 빨리 이 기쁜 소식을 알려주려고 서두른다. "축하합니다. 아들 낳았으니 빨리 눈 떠 보세요."라는 간호사들의 들뜬 소리를 이해할 수가 없었다는 아기 엄마. 입원실로 이동되어 아들임을 보여주어도 믿기지 않아 어리둥절해 하였다. 산모는 가족들의 간절한 바람과 가슴 깊숙이 숨어있는 본인의 소원도 접을 수 없어 12년의 터울에도 불구하고 아들 비법을 시행하며 임신을 시도하였다. 어느 시기가 되어 초음파 검사를 했는데 딸이라는 말을 들었다. 하여 며칠을 고민하다가 인공유산을 하기로 합의하고 병원으로 가려던 날, 몸이 너무나 무거워서 다음날에 가기로 하고 그대로 주저앉았다.

그리고 차일피일 병원에 가는 것을 미루다 배가 불러져서 그냥 낳기로 했다. 그다음부터는 아기 성별을 다시 확인해 볼 생각도 없이 세 번째 딸인 줄 알았는데 아들이라니. 만약 인공유산을 시켜버렸으면 어쩔 뻔하였을까, 아찔하다고 어깨를 움츠린다. 기대하지 않았던 아들을 안고 생명의 줄을 잡아 준 절대자에게 감사하며 기쁨의 눈물을 흘리던 모습이 지금도 생생하게 떠오른다.

초음파가 발명되어 질병치료와 예방에 많은 도움이 되었고 의료계에 없어서는 아니 될 중요한 기구가 되었지만, 이 초음파의 잘못 활용과 남아선호의 사상으로 얼마나 많은 생명이 희생되었던가. 아무리 의학이 발달한다 하더라도 천하보다 귀한 생명을 우리가 알지 못하는 크고 비밀스러운 역사로 섭리하시는 분의 뜻을 저버리는 일은 저지르지 말아야 할 것이다.

다행히 위기를 모면하고 태어난 그 아기도 지금쯤은 아기 아빠가 될 자리에 있지 않을까. 구태여 아들이 아니어도 건강한 아기가 태어나기만을 바라며 분만실 밖을 서성거리는 예비 아빠의 모습일지도 모르겠다.

40여 년 전에 '둘도 많다. 하나만 낳아 잘 기르자.'라는 구호까지 외치던 내가 지금은 우리 아들딸에게 아니 우리의 젊은이들에게 거듭 당부하고 있다. '둘도 부족하다. 셋은 낳아야 한다.'라고.

보다 생산성 있는 우리나라의 미래와 고령사회로 무거워질 우리 젊은이들의 어깨를 염려하면서…….

2007. 9. 27.

한산도 의료봉사

우리의 작은 수고와 노력이 누군가에게 조금이라도 위로와 도움이 될 수 있다면 어찌 기뻐하며 동참하지 않을 수 있겠는가. 직원 선교회 주관으로 시행하는 하계 농어촌 의료 봉사를 금년에는 통영지역의 섬들 중에서 '욕지도와 노대도'로 결정하였다. 그러나 세계적인 기상이변의 뉴스보도를 접하면서 '한산도와 인근 섬'으로 변경하여 약 400여 명을 대상으로 진료준비를 하였다.

출발 당일 아침, 직원예배가 끝나는 대로 대원 10명은 행여 빠진 것이 없나 준비한 물품들을 다시 확인하고 서둘러 출발하였다. 일기예보는 계속 태풍 '제브'에 대한 주의와 비 소식을 전하고 있지만 우리는 기다리는 표정들만 생각하며 부산스러웠다. 우리의 믿음대로 마산을 지나면서부터 청명하게 맑은 하늘에서 따스하게 쏟아지는 햇살을 즐기며 충무항에 도착하였다. 그곳에는 이미 도서 의료선교회에서 파송된 '구원호(도서민 순회 진료를 위하여 준비된 선박)'와 직원들이 기다리고 계셨다. 서로 인사를 나누며 진료용 짐들을 구원호에 옮겨 싣고 한산도로 향하였다.

참으로 오랜만에 도심지를 벗어나 은빛 잔잔한 바다를 가르며 시원하게 달려나갔다. 높푸른 가을 하늘, 상큼한 공기, 울긋불긋 아름다워지는 산과 들, 부드러운 바람결, 짭짤한 바다 냄새를 즐기며 한 시간 정도 지나니 그림처럼 조용하고 아름다운 한산도에 도착하였다.

마중 나오신 한산도 교회 목사님의 안내를 받아 진료지로 향한다. 바다와 산 사이에 자리 잡은 나지막한 집들, 원색의 선명함으로 일년초들을 꽃피운 모퉁이 길에 정감을 느낀다. 너무 조용하고 한산한 거리. 진료실적도 없이 놀고 가는 꼴로 미안한 마음만 커지면 어떡하나 걱정하며 마을 회관에 도착하였다. 그런데 이미 많은 어르신이 질서정연하게 모여 앉아 한 시간이나 늦게 도착한 우리를 반갑게 맞아 주심에 무안하고 송구스럽다.

먼저 어르신들과 함께 감사예배를 드리고 서둘러 진료를 시작한다. 등록과 문진, 활력측정과 혈당 검사, 소변 검사, 진료과를 분류하여 진찰을 한다. 필요한 상황에 따라 초음파 검사, 주사 및 투약, 침술을 하는 동안 이런저런 상담과 대화도 나눈다. 또 한편에선 이발과 미용, 영정사진도 촬영하고 동네 방역도 시행하였다. 짧은 가을날 오후는 어느새 어둑해지고 우리의 마음 한구석엔 씁쓰레한 허전함이 인다.

동네 골목길에서 뛰어놀아야 할 아이들의 함성은 어디로 갔을까. 젊은이들이 별로 보이지 않는 이 섬마을에서 산과와 소아과 진료는 그저 한산하기만 하다. 어르신들의 굽은 허리, 구릿빛 얼굴, 굵은 주름살, 뭉텅해진 손마디, 다 닳아서 흔들리는 의치를 대하며 민망스러운 마음이다. 그러나 어르신들의 소박한 웃음과 훈훈한 인정에 오히려 가슴이 찡해진다. 숨 가쁘게 반나절의 진료를 마치고 숙소로 돌아왔다.

땅거미가 내려앉는 산과 마을, 잔잔한 바다와 검은 물결, 정박 중인 선박들의 정경은 동화 속 나라와 같은 낭만을 불러일으킨다. 티브이 뉴스는 계속 태풍 '제브'의 위력을 보도하며 그에 대한 대비를 철저히 하라고 강조하는데 이곳 한산도의 밤은 고요하고 평화롭기만 하다.

꽤 긴장하고 곤했던지 나의 잠꼬대 소리에 우리 방 식구들은 물론 옆방 사람들까지 잠이 깨 버렸다. 미안한 마음 컸지만 내친김에 우리는 한산도 교회에 나가 새벽기도를 드리고 미명의 섬 거리를 활보하며 한 바퀴 돌아본다. 한적하고 깨끗한 거리, 잔잔하게 출렁이는 바닷물결, 산뜻한 아침 공기, 찬란하게 비쳐오는 아침 햇살을 감탄하며 노래를 부른다.

아침 8시 30분, 아직 예배 중인데 부지런한 섬마을 어르신들은 어느새 진찰받으러 들어오신다. 어제보다는 한결 체계적인 준비상태로 진료를 시작하였다. 그러나 한 섬의 주민들이 선편으로 다녀가고 또 다른 섬의 주민들이 그렇게 다녀가므로 간간이 공백의 시간이 흐른다. 조바심 나는 마음은 이제야 섬마을 사람들의 불편한 생활을 실감한다.

비바람이 불기 때문에, 선편 출발시각이 아직 아니라서, 선장이 안 계셔서, 밤이라서 등등. 응급한 상황이 발생해도 발이 묶일 수밖에 없음이 얼마나 초조하고 안타까울까. 이러한 사정 미리 짐작 못하고 이번 선편을 이용하는 2박 3일의 장기일정 때문에 참여 대원수도 줄이고 의료장비와 기타 준비도 간소화한 까닭이 부끄러워진다. 따라서 앞으로는 육지보다 섬마을을 중점으로 의료봉사를 계획해야 할 필요성을 느낀다. 모처럼의 기회인데도 일 때문에 진료받으러 오지 못하시는 어른들을 찾아 나선다. 지나가는 경운기를 세워 진찰받으실 것을 권면한다. 밭에서 일하는 어르신께 인사도 드리며 우리의 실적건수를 높이려 애를 쓴다. 그래도 남은 시간엔 따사한 가을 햇살을 즐기며 바닷가도 거닐어 본다.

갑자기 병원장님의 전통이 전해진다. "태풍 제브가 한반도까지 올라 올 것이라 하니 금일 16시로 진료를 마무리하고 귀원하라."는 명령이다. 그러나 우리들은 바쁜 어촌 일 접어두고 정해진 진료시간에 따라 각 섬에서 선편을 이용하여 다녀가시며 저렇게 만족하고 고마워하시는 어르신들에게 실망하게 할 수 없다는 마음이다. 또한 이곳 날씨는 이렇게 화창하고, 바다는 더없이 잔잔하고 아름다울 뿐인데 우리의 안전만을 위하여 미리 철수할 수는 없다. 아마 태풍 제브도 한산도는 피해 갈 것이라는 믿음으로 우리는 계획된 일정대로 추진하겠노라고 답변을 드린다. 그러나 병원 당국의 재차 결정은 금일 철수하는 것이 안전할 것이니 우리의 고집을 접으라신다. 구원호 선장님도 철수하는 것이 안전하겠다고 말한다.

우리는 하는 수 없이 자리를 접기 시작한다. 한산도 교회 목사님과 마을 이장님들은 긴급 전통으로 각 마을에 진료진의 철수 소식을 알린다. 우리는 더욱 바빠진 마음과 손길로 서둘러 남은 진료를 마무리한다. 대충 짐을 꾸리고 떠나오려니, 아차 기념촬영도 한 장 못 찍었다. 다시 현수막을 꺼내어 붙들고 서서 한 장 찰칵.

잠시 다녀가는 우리들의 이 작은 흔적이 하나의 새로운 불씨가 되어 한산도 섬마을에 새로운 활기가 넘치기를 바란다. 선착장까지 나와 배웅하시는 어르신들의 느릿한 손사래가 더없이 정겹게 느껴지는데 떠나오는 마음은 무겁기만 하다.

1998. 일신월보 8월호

애국가를 부르며

초등학교 시절에는 국경일의 의식에 참여하는 마음은 형식적이었다. 그저 교장 선생님의 훈시 말씀이 빨리 마치기만을 기다렸다. 애국가를 부르는 차례가 되면 이제 지루한 행사가 끝이 난다는 생각으로 열심히 불렀다. 그때는 가사의 뜻을 다 이해하지도 못하였다. 그래도 4절까지 신이 나게 부르면서 이런저런 궁금증도 일었다.

동해의 바닷물이나 백두산이 어떻게 마르고 닳을 수 있겠는가. 불변의 영원성을 반어법으로 강조한 가사임을 철들고 나서야 깨닫게 되었다. 하느님이 우리나라를 보우해 주신다니 우리나라 만세는 당연한 것 아니겠는가. 참으로 신명 나고 저절로 힘이 솟아나는 가사이다.

뒷동산에 있는 소나무들은 우리 아버지와 같은 듬직한 모습이었다. 남산 위의 소나무들은 얼마나 강인한 모습이기에 철갑을 두른 것 같다고 하였는지 궁금하였다. 우리나라의 민족성이 사철 푸르고 강인한 소나무의 기상이라면 허약한 나의 체질도 곧 강인해질 것이라는 희망도 품었다.

무궁화꽃들이 화려하게 피어 있는 삼천리 강산은 얼마나 아름다울까. 빨리 어른이 되어서 다녀보고 싶었다. 우리 동네 앞에 있는 모시밭 길의 울타리도 무궁화나무로 되어 있었다. 무궁화 꽃은 초여름부터 가을까지 순박한 아름다움으로 피고 지기를 계속하였다. 도르르 말리면서 시든 꽃은 절개 있게 마침표를 찍으며 깔끔하게 떨어졌다. 꽃이 떨어진 자리에는 동글한 열매가 맺혔다. 그렇게 떨어지는 무궁화꽃을 보면서 왠지 모르게 윤봉길 의사와 이준 열사 등의 이름이 떠올랐다. 그리고 고민하였다. 내게도 그런 애국정신이 있는 것일까.

외국에 나가면 자연히 애국자가 된다는 말들을 한다. 호주에 유학 갔을 때에, 넓디넓은 그 나라의 국토가 참 욕심이 났다. 한 귀퉁이 떼어다 우리의 마라도 옆에 붙일 수 있다면 얼마나 좋을까 하는 생각을 하였다. 가끔 현지인의 초대를 받아 가정집을 방문하였다. 울타리도 없이 아름다운 정원이 있는 집들. 활기차게 일하면서 여유 있게 여가를 즐기는 그들의 생활이 부럽기도 하였다. 그러나 핵가족의 형태로 노부부만이 생활하는 모습에는 부러웠던 마음이 사그라지는 기분이었다. 이런저런 대화를 나누면서 우리의 대가족제도를 자랑스럽게 소개하였던 내심은 무엇이었을까.

독일이 자랑하는 '아우토반(autobahn)'을 달리면서도 그에 못지않게 쭉쭉 뻗쳐 있는 우리의 고속도로에 더 큰 자부심이 일었다. 유럽 나라들의 화려하고 웅장한 문화유산을 보면서도 세종대왕의 업적들이 더 자랑스러웠다. 아직도 의식주 문제가 어려운 나라들을 관광하면서 훌륭하게 경제성장을 이루어 낸 우리 민족성에 어깨가 으쓱해졌다. '메이드 인 코리아'라는 상표에 호감을 느끼는 그들에게 흡족한 웃음을 건넬 수 있었던 것도 국내에서는 느끼지 못하던 행복한 감정이었다.

애국가, 나라를 사랑하는 마음을 일깨우고 다짐하기 위하여 부르는 노래라면 너나 할 것 없이 언제 어디서나 더 자주 불러야 하는 것 아닐까. 특히 국정을 살피며 국민을 위한다는 명목으로 난투극이 벌어지기 일쑤인 그곳과 붉은 띠 물결치는 협상의 자리에서 먼저 애국가를 부르고 시작하면 어떨까. 애국가의 여운이 쌍방 간에 주장할 내용을 앞세우기 전에 '너희는 먼저 그의 나라와 그의 의를 구하라'는 말씀의 방향으로 이끌어갈 수 있을 것이라는 생각이 든다.

남산에 무슨 곤돌라를 세운다는 뉴스를 들었다. 곤돌라 대신 철갑을 두른 것 같은 소나무를 자랑하는 남산으로 가꾸는 것이 마땅하지 않을까. 벚꽃 축제를 자랑하는 행사들도 좋겠지만 '무궁화 삼천리 화려강산'을 감상하며 신명나게 거닐 수 있는 길들이라면 더 좋을 것이다.

"이 기상과 이 맘으로 충성을 다하여 괴로우나 즐거우나 나라 사랑하세."

광복절 기념 주일로 예배를 드리며 애국가를 제창하는 자리에 있음이 행복하다. 지금도 눈을 감고 4절까지 부를 수 있는 자신이 대견스럽다. 애국가를 부를 때마다 가슴이 뭉클해지며 눈시울이 뜨거워진다. 나 애국자일까.

2009. 8. 15.

왕초보

'왕초보'라는 딱지를 붙이고 조심스럽게 달려가는 차가 보인다. 초보라는 말 앞에 왕을 앉힌 신조어로 자존감을 세우고, 천천히 달리는 것이 당연하다는 배포가 부럽다. 그런 배포를 부릴 줄 몰랐던 내 초보시절의 씁쓸한 기억이 고개를 내민다.

지천명을 지나고 나서 운전 연습에 끼어들었다. 벌벌 떨리는 마음은 핸들을 꽉 부여잡고 브레이크를 밟은 발을 뗄 수가 없는데 교관은 계속 호통을 친다. 빨리 액셀러레이터를 밟으라, 팔에 힘을 빼라, 비틀거리지 말고 똑바로 가라는 등. 겁에 질려 불안한 마음은 아랑곳도 하지 않는다. 배움의 장이라기보다는 강압적인 텃세의 터전 같았다.

교관을 자처하는 남편과 함께 도로연수를 나갔다. 옆에서 씽씽 달리는 차들이 무섭기만 한데 남편도 호통만 친다. 앞차와의 흐름을 따라 속력을 내라, 신호를 잘 보라, 깜빡이를 넣고 끼어들어라. 모두 당연한 잔소리와 핀잔이겠지만 신경은 차츰 곤두서고 결국에는 볼멘소리가 터져 나온다. 초보인데 어디 그렇게 마음먹은 대로 되느냐, 당신은 초보시절 없었느냐, 이런 기분으로 어떻게 도로연수를 계속 하겠느냐고. 더는 운전을 계속할 수 없어 차를 길가에 멈추어 세웠다. 부부싸움이 벌어졌다. 이혼소동으로 번지지 않은 게 다행이다.

아직도 초보상태인 어느 날 아침, 부산진역에 남편을 배웅하고 좌천동 가구 골목에서 부산진 시장으로 향하는 고가도로를 탔다. 높고 좁은 길이 너무 무서워서 손과 발은 물론 마음까지 경직되어 꼼짝도 못할 지경이다. 간신히 40킬로 전후의 속도로 슬슬 기어가는데 뒤에서 경적소리가 성급하게 울려온다. 영업용 택시다. 그러나 지금의 나로선 도저히 속력을 낼 수가 없다.

가까스로 고가도로를 내려와 한숨 고르는데, 갑자기 내 차 옆으로 바짝 속력을 내며 추월한 택시가 내 앞에서 급정거를 한다. 덜커덩, 다행히 나도 급브레이크를 밟을 수 있었다. 택시는 분하다는 듯 욕지거리를 퍼부어대고 떠난다. 잔뜩 주눅 들어 콩닥거리는 가슴을 쓸어내리며 다시 몇 바퀴 나가는데, 그 택시 다시 급정거를 한다. 하마터면 부딪칠 뻔했다. 또 뭐라고 손짓을 하면서 횡하니 달아나던 그 택시기사. 난 초보운전의 죄인이 되어 아무 말도 못 하였다.

학창시절의 마지막인 졸업학년 때 일이다. 교육현장에서 익힌 전문직의 기술을 적용하기 위하여 현장실습을 나갔다. 근육주사용 트레이를 준비하여 병실로 들어갔다. 결핵치료를 위해 입원한 청년은 말없이 엉덩이 한쪽을 내보인다. 알코올 스펀지로 피부 소독을 하는 손이 부들부들 떨린다. 주사기를 집어든 손이 맥없이 흔들거린다. 용기를 내어 왼손으로 탁 소리가 나게 엉덩이를 두드리며 오른손의 주사기를 내리 찔렀다. 그러나 피부를 스치며 핑그르르 휘어져 버리는 주삿바늘. 이를 어쩌나. 마네킹을 가지고 골백번도 더 연습을 하였건만 이 무슨 낭패란 말인가. 어쩔 줄 모르고 서 있는데 그 청년이 하는 말,

"더 세게 다시 찌르세요."

실습 간호사의 서툰 초보 심정을 탓하지 않는 청년의 말에 용기를 얻어 슬며시 주삿바늘을 쑤셔 넣다시피 하고 황급히 뛰쳐나왔다.

우리 아이들이 초등학생이 될 무렵, 좀 무리를 해서 피아노를 들여 놓았다. 미련을 버리지 못한 꿈을 아이들을 통하여 이루어 보고 싶은 내심이었다. 아이들과 함께 교습을 받고 싶은 욕심도 일었다. 그러나 대가족의 맏며느리로 직장생활까지 하는 처지라 언감생심 엄두를 낼 수가 없었다. 아이들이 치는 피아노 소리가 흥겨웠고, 가금씩 피아노 앞에서 가족이 함께 노래를 부르는 것도 대리만족의 행복이었다.

어느덧 아이들이 다 자라서 결혼하여 분가를 한 후, 소리를 내지 못하는 피아노는 무척 외로워 보였다. 남편은 피아노에 새 주인을 찾아주라고 하였지만 난 그럴 수가 없었다.

핑계는 있었다. 재능도 없는 내가 찬양대의 일원으로 화음을 맞추려면 남들보다 더 많은 연습을 해야 한다. 아이들 덕분에 단음으로라도 건반을 두드릴 수 있는 것이 다행스러웠다. 어설픈 나의 손놀림이지만 정확한 음 소리로 찬양연습을 도와주는 피아노는 고마운 친구였다. 그래서 피아노와 약속을 하였다. 퇴직 후에는 반드시 제대로 배워서, 호흡이 있는 날까지 함께 찬양을 부르는 친구가 되겠노라고.

이순의 중턱을 넘기면서 피아노 연습을 시작한다. 초등학교 1학년인 손녀딸이 왕초보가 치는 것이라며 피아노 교본을 건네준다. 뻣뻣한 열 손가락이 뒤뚱뒤뚱 멈칫거리면서도 '가온 도 자리 계이름 솔파미레도'를 찾아가며 신바람 나게 두드린다. 한 장 한 장 페이지를 넘길 때마다 조금씩 어려워지니 연방 실수를 하게 된다. 그래도 핀잔할 줄 모르고 할미의 손가락을 되잡아 주는 손녀딸의 손길에서 더없는 행복감을 느낀다.

이제 새로운 일을 벌이지 않으면 왕초보의 두려움도 없으련만, 아직도 하고픈 일들이 많으니 어쩌나. 왕초보라는 피아노 교본의 마지막 페이지, '나도 이제 피아노 잘 칠 수 있다.'라는 가사로 자신감을 실어준다.

2009. 12. 17.

야옹아, 어떡해

가뭄이 계속되니 폭염의 기세는 더욱 등등하다. 초목들과 사람들은 풀죽은 상태이다. 갈한 목은 냉수만 찾는다. 나무들에도 물을 마시게 해주려고 마당으로 나간다. 무화과 그늘 밑에서 고양이 한 마리가 쏜살같이 달아난다. 나는 깜짝 놀라서 뒷걸음질을 친다.

우리 동네에는 야생 고양이가 많이 살고 있다. 산을 끼고 있는 동네라서인지 동물애호가들이 많아서인지 모르겠지만, 나는 고양이를 무서워하는 편이다. 발광체같이 강렬한 고양이의 눈빛에 지레 겁이 난다. 싫어하는 사람에겐 미운 짓을 한다는 속설도 마음에 걸린다.

밖을 드나들 때마다 고양이와 마주치지 않기를 바란다. 어쩔 수 없이 마주칠 때는 싫은 기색을 안 보이려고 '나비야, 나비야.' 하며 마음 내키지 않는 말이나마 걸어본다. 이런 내 마음을 아는지 모르는지 고양이들은 우리 마당을 자기들의 놀이터로 생각하는 모양이다. 꼬리잡기 놀이라도 하는지 두세 마리가 줄을 이어 담장을 달려가고 또 이웃집 담장으로 훌쩍 건너뛸 때는 행여 그 발톱에 걸릴까봐 나는 말뚝자세가 된다. 사랑놀이를 하는지 칭얼거리는 소리를 내던 밤, 다음 날 아침이면 마당의 연한 풀꽃들은 만신창이가 되어 있다. 그래도 동백나무의 그늘이 있는 대문 위에서 낮잠을 자는 모습은 아기같이 귀엽다.

호스를 들고 수도꼭지를 튼다. 가뭄 중에도 수돗물이나마 제한 없이 쓸 수 있음을 감사하면서 물 뿌리기를 시작한다. 화분에 있는 꽃들에 먼저 주고 마당에 있는 풀꽃들에, 그리고 나무들을 향하여 뿌리려던 호스를 움켜쥐고 엉겁결에 소리를 지른다. "나비야, 뭐해. 빨리 비켜."

무화과나무 밑에 늘어져 있는 고양이 한 마리. 무엇을 하고 있든지 간에 인기척이 비치면 재빨리 달아나던 고양이들인데, 왜 그대로 앉아 있는 것일까. 물을 뿌리던 호스를 잠그고 막대기 하나를 집어 들고 엄포를 놓았다. 그래도 빤히 쳐다보기만 할 뿐 달아날 기색이 없다.

정말 무슨 일이지. 혹 새끼를 낳으려는 것일까. 아뿔싸, 그동안 자기들을 싫어했다고 그 대가를 치르라고 우리 마당에 자리를 잡았나 보다. 어찌하겠나. 사람이나 짐승이나 출산의 자리는 가장 존엄한 곳이 아닌가. 우선 마음 놓고 새끼를 낳을 수 있도록 자리를 비켜

주자고 생각하며 방으로 들어왔다.

일이 손에 잡히지를 않는다. 서성거리는 마음을 잠재우려 피아노 앞에 앉아 본다. 독수리 타법으로 건반을 두드려 보지만 마음은 온통 무화과나무 밑으로 향한다. 순산을 하고 있는지 궁금하여 몰래 살펴보고 싶지만 일단은 참아본다.

어릴 때 우리 집에는 닭과 오리를 키웠고 토끼도 사육하였다. 토끼가 새끼를 낳을 때는 토끼장에 검은 천을 씌워 주었다. 그리고 얼마 동안은 토끼장 관리를 어머니 혼자만 하셨다. 새끼를 낳을 때 사람들이 구경하고 있으면 어미는 새끼를 돌보지 않기 때문에 새끼가 죽게 된다고 하셨다. 그래도 갓 태어난 새끼 모습이 궁금하여 토끼장을 흘금거리지 않을 수가 없었다.

궁금한 것을 참지 못하기는 나이가 들었어도 마찬가지다. 새끼를 잘 낳았을까, 몇 마리나 낳았을까를 생각하니 참을 수가 없다. 벌떡 일어나 작은방 창가로 가서 조심스레 살펴본다. 우거진 들깨 사이로 고양이가 뒹구는 모습이 보이고 그 옆에 아까 달아났던 고양이가 앉아 있다. 새끼는 보이지 않는다. 저를 어쩌나. 노산이라 출산할 힘이 없는 것일까.

1960년대, 선교사님 댁에 살던 고양이가 생각난다. 여러 차례 새끼를 낳은 늙은 고양이, 또 새끼를 낳아야 하는데 도저히 힘을 못 주고 있었다. 하는 수없이 선교사님들은 고양이에게 제왕절개술을 하여 새끼를 꺼내고 불임수술까지 해주셨다. 사람보다 호강스런 고양이라고 우리는 입방아를 찧었다.

설마 동물병원에 데리고 가야 하는 일이 없기를 바라면서 나는 청소나 하기로 한다. 늘 하는 청소, 별로 힘들 것도 없는데 오늘은 왜 이렇게 진땀을 흘리고 있을까. 이제 고양이도 출산을 마무리하였겠지. 다시 창가로 가서 살펴본다. 어라, 고양이가 없어졌다. 새끼도 보이지 않는다. 창가에 올라서서 내려다보아도 고양이 뒹굴던 자리 외에는 아무것도 보이지 않는다. 어떻게 된 거야, 새끼 낳는 게 아니었던가. 고약한 고양이, 괜스레 신경만 건드려 놓고 어디로 가버린 거야.

어찌 되었든지 간에 마음 답답하게 막혀 있던 체증이 쑥 내려간 듯 시원하다. 이제 마음 추스르고 내 할 일이나 하자. 이것저것 집안 일을 하다가 버릇대로 마당으로 나간다. 마당에 나가서 기지개를 켜면서 이 꽃 저 꽃들을 바라보노라면 한결 기분이 상쾌해지기 때문이다.

현관 아래 계단을 내려와 마당에 발을 디디려던 나는 다시 깜짝 놀랐다. 돌확 가에 힘없이 앉아 있는 그 고양이. 행여나 싶어, 쿵 하고 발을 굴려보았지만 달아날 기색도 없이 빤히 쳐다보기만 한다. 새끼를 낳으려던 것이 아니었단 말인가. 어디가 많이 아픈 것인가. 그야말로 동물병원에 데리고 가서 치료를 받게 해야 하는 것이 아닐까.

하지만 야옹아, 어떡해. 나는 네게 가까이 다가가는 것조차 겁이 나는데. 어쩌지 못하는 내 마음속에 〈바람과 함께 사라지다〉의 마지막 장면에서 스칼렛 오하라가 독백하던 '내일은, 내일의 태양이

뜨니까.'라는 말이 떠오른다.

그래, 나도 지금 네게 할 수 있는 말은,

"미안해, 야옹아. 남편이 집에 올 때까지 기다릴 수밖에 없구나."

2012. 8. 15.

자동차, 허공을 날다

오락가락하던 여우비가 그치고 나니 햇살은 초록빛 투명한 빛깔로 쏟아지고 있었다. 산등성이에 축대를 쌓고 깔끔하게 자리하고 있는 망자들의 마을은 구역정리도 잘 되어 있다. 그리움을 안고 찾아올 자손들을 위하여 널찍하게 닦여진 이차선 도로에는 갓길도 있고 주차장도 갖춰져 있다. 산 정상 쪽으로 둘러 서 있는 나무들은 공원묘지라는 말에 걸맞은 운치를 더하여 주었다. 성묘를 마친 사람들이 옹기종기 둘러앉아 담소를 나누는 모습이 효성스러워 보였다.

"우리도 길가에 주차하자."고 남편은 말하였지만 난 주차장으로 갔다. 아직 초보운전 딱지도 제대로 떼지 못한 주제에 준법정신을 고집하며, 길가에 주차한 사람들의 무질서를 못마땅해하면서.

마무리 공사가 덜 되었는지, 주차장 바닥은 황토 그대로이고 축대 끝에는 안전울타리도 세워지지 않았다. 좀 전에 내렸던 여우비로 황토바닥은 좀 미끄러웠다. 잔뜩 긴장된 마음으로 정면주차를 하려고 조심스럽게 살며시 브레이크를 밟았는데, 아뿔싸! 이게 웬일인가. 만화영화도 아닌데 우리 차는 주차장 축대를 지나 허공에 붕~ 떠오르고 있었다.

'악! 하나님.' 하는 외마디 비명도 마음속에서만 오그라드는데, 이건 또 무슨 조화인가. 순간, 내 몸이 깃털처럼 가벼워져서 하늘하늘 천상을 나는 것 같은 황홀한 기분이었다. 또 누군가 아주 부드러운 손길로 나를 살포시 안아주는 것처럼 아늑한 느낌도 들었다. 꿈을 꾸고 있는 것일까.

잠시 허공을 나는 것 같던 우리 차, 이내 추락하기 시작하였다. 쿵더쿵, 요란한 소리를 내며 축대 아래에 있던 봉분 한쪽을 찌그러뜨리고 주춤거리던 차가 가까스로 멈추어 서는 줄 알았다. 봉분 안에 잠자고 있던 망자는 웬 날벼락인가 하며 얼마나 놀랐을까마는 나는 망자에 대한 미안함보다 참으로 다행이다 싶어 막 안도의 숨을 쉬려는 순간, 차는 덜커덩하더니 다시 다음 축대를 지나 또 떨어지고 있었다. 차도 더 이상은 정신을 차릴 수 없었던지 이제 곤두박질을 친다. 떼굴떼굴 구르는 차 안에서 우린 이제 이 세상 사람이 아니겠구나 하고 눈을 감아버렸다. 그런데 여기가 삼 년 고개인가, 세 번을 구르던 차는 언덕 아래 계곡바닥에 와서는 벌떡 드러누워 버렸다.

차보다 더 혼비백산했던 우리는, 뒤집힌 차 안에서 하늘을 보고 누워 있었다. 산산이 금이 난 차창을 통하여 무지갯빛 햇살이 비쳐 드는데, 이게 도대체 꿈인가 생시인가! 생시라면 어서 안전띠를 풀고 차 밖으로 뛰쳐나가야 할 텐데, 옴짝달싹도 할 수가 없다. 조수석에 있던 남편은 어찌 되었을까 걱정이 되었지만 차마 눈길을 돌려 확인할 수도 없음은, 죄인과 같은 심정이 더 컸기 때문이었을 것이다.

"여보, 어서 차 안에서 빠져나가자. 차가 폭발할지도 몰라." 어떻게 몸을 일으켰는지, 남편이 내 안전띠를 풀어주면서 손을 잡아 주어 간신히 차 밖으로 나올 수 있었다.

'아~ 하나님!' 난 마음속에서만 또 한 번 외마디 비명을 질렀다. 그리고 몇 걸음 휘청거리던 발걸음은 절퍼덕 땅바닥에 주저앉고 말았다. 어처구니없는 상황이란 바로 이런 경우를 두고 하는 말이겠지. 그런 와중에서도 우리가 이렇게 살아있다니, 더구나 상처 하나도 없이. 기적이라거나 구사일생이란 말은 이런 우리를 위하여 생겨난 말이 아닐까. 뜨거운 눈물이 흘러내렸다.

순간의 실수로 허공을 날아 본 대가는 엄청난 것이었지만, 그 후로 다른 사고가 없었던 것을 또 하나의 감사로 살아가게 하는 값진 교훈이었다.

2011. 11. 29.

달력은

2009년의 마지막날이다. 또 한 해를 마무리해야 하는 아쉬운 마음은 일단 접어두고 집안을, 특히 방안을 치우느라 여념이 없다. 새로운 기분으로 새해를 맞이하겠다는 심산이 먼저이다. 부산하게 움직이던 손길이 달력 앞에서 멈추어졌다. 한 해의 마지막 날이라면 달력은 죽음을 의미하는 것일까. 그렇다면 달력의 수명은 한해살이에 불과하다는 말인가.

아침마다 습관처럼 벽걸이 달력을 바라보며 그달의 정취를 느끼고, 탁상 달력으로 그날 할 일들을 챙겼다. 또 새로운 일이 생길 때마다 먼저 달력에 표시를 하였다. 기억력에 한계를 느끼며 달력의 도움을 이용하자던 것이 이제는 아예 달력에 의존하고 있는 셈이다.

벽걸이 달력은, 일 년 열두 달의 자연풍광을 각 달의 특성에 따른 분위기를 보여주며 방안에서 느끼는 삶의 의미를 새롭게 해 주었다.

마지막 주자 선달은, 천사들의 미소 같은 하얀 눈꽃을 품은 소백산 산마루가 아스라하게 이어진 풍경이다. 한해살이 생애에 미련을 남기지 않고 하얀 마음으로 떠나는 모습이다.

달력처럼 시기적절하게 내 할 일을 잘하였다고 장담할 수 없는 마음에 부끄러움이 일어 명징하게 웃을 수가 없다. 씁쓸한 마음은 고마웠다는 인사말도 제대로 하지 못하면서, 그래도 염치없이 새 달력이 보여줄 새로운 풍치를 기대한다.

탁상달력이 까만 눈 반짝이며 속삭인다. 감상에 젖어 늑장을 부리다가는 자기의 마지막 임무에 먹칠을 하게 되니 서두르라는 눈짓이다. 새해라는 이름으로 달려오는 경인년 주자에게 '송구영신예배'라고 쓰인 바통을 정한 시간에 넘겨주는 것이 자기의 마지막 임무란다. 릴레이 경기에서 달리는 속도감에 차질 없이 바통을 주고받기 위하여 힘껏 팔을 뻗치고 내미는 선수들의 열띤 몸짓이 연상된다.

탁상달력의 얼굴은 주근깨투성이가 되었다. 건망증이란 이름으로 행여 실수라도 할까 봐 내가 찍어놓은 점들 때문이다. 그런데도 탁상달력은 불평할 줄 모른다. 미모에 대하여 전혀 관심이 없는지, 아니면 주근깨가 아닌 검정참깨라 생각하면서 고소한 맛을 즐기고 있는지도 모르겠다.

하기야 탁상 달력에 찍는 점들은 대개 가족들의 생일이나 기념일, 무슨 모임이나 회의 또는 세미나, 여행계획 등의 즐거운 내용들이다. 그날들을 잊지 않도록 확인하고 챙기면서 설레며 기뻐하던 내 마음처럼 달력도 함께 즐기고 있었나 보다. 가끔은 문상의 자리에 나가야 하는 경우도 있지만 슬픔을 함께 나누면서, 더불어 살아가는 정을 나누는 것은 오히려 가난한 마음을 준비하는 배움의 장이 되는 것이니 우울해 할 필요는 없었다. 검정깨를 먹으면 흰머리도 검게 된다는 너스레를 떨면서 탁상달력이 우쭐거린다.

번데기 앞에서 주름 잡지 말라는 표정으로 포켓용 달력이 튀어나온다. 모서리는 닳아서 하얀 보풀이 일었고 주글주글한 면상인데도 반질반질한 윤기로 희희낙락한 표정이다. 하기야 탁상달력보다 더 많은 기록을 안고 그 기록의 현장마다 뻔질나게 찾아다니며 희로애락을 같이 했으니, 그 자유분방한 즐거움을 어찌 탁상 위에 한정된 느낌과 비교할 수 있으랴.

그런데 불만의 소리는 엉뚱한 곳에서 터져 나온다. 집안 살림을 도맡아 하느라 하루도 쉴 새가 없는 가계부 달력이다. 수입에 대한 기록란은 한정되어 있는데 날마다 빠져나가는 지출항목의 수치數値 때문에 왜 자기가 한숨을 쉬어야 하느냐. 어디 그뿐인가. 일기장에는 멋진 문장으로 채우려 애쓰면서 고부간의 껄끄러운 분위기나 부부싸움의 울적한 내용은 왜 자기한테 먹이느냐. 수지收支범위를 벗어난 잡다한 내용까지 범벅이 되어 터질 것 같이 불거져 나온 배통이 보이지도 않느냐고 투정을 부린다.

그러고 보니 달력은 볼품으로만 있는 것이 아니었다. 날마다 사람들의 일상과 함께하며 한 해 동안의 삶을 기록하고, 그 한평생들을 이어가며 인류사를 만들고 있지 않은가. 달력은 한해살이가 아니라, 인류역사의 바통을 이어가는 연결고리로 영원을 향하여 달리고 있다는 생각이 든다.

경인년이란 이름으로 깔끔하게 단장을 한 달력이 발갛게 상기된 얼굴을 내민다. 건망증의 염려는 자기에게 맡기고 또 한 해의 역사를 새롭게 엮어가라고 속살거린다.

달력은 내 기억력의 자존감을 세워주는 도우미이다.

2009. 12. 31

추모사

매 혜영(MBE Catherine Mackenzie) 선생님 영전에

"Today we cerebrate and give thanks for the life of Catherine Mackenzie"

존경하는 매 혜영 선생님, 오늘 우리는 선생님이 생전에 다니시던 멜버른 시에 있는 Deep dene 교회에서 선생님의 생애를 축하하며 감사드리는 추모예배를 드리고 있습니다. 추모식장에는 선생님의 영정사진 한 장도 없지만 잔잔하게 흐르는 바이올린 선율 위에 일신기독병원과 대한조산협회, 대한간호협회, 한국 나이팅게일회, 부산시 간호사회와 기타 여러 곳에서 보내온 꽃들弔花의 향기가 어우러져 선생님의 숭고하고 아름다운 삶의 훈훈한 정기로 느껴집니다.

교회당을 가득 채운 현지 조문객들의 화사한 옷차림은 구태여 검은 옷을 차려입은 우리 일신 인들의 슬픔을 수용하지 않는 듯합니다. 순서에 따라 서곡이 연주되고 기도, 찬송, 추모사, 성경봉독과 설교 말씀, 환송곡을 연주하는 순서로 추모예배를 마쳤습니다.

식후에 식당에 내려가 식사를 하고 홀에 전시된 선생님의 유품들을 보며 추모 담과 우정들을 나누었습니다. 그러나 여기저기 발길 닿는 곳마다 선생님의 밝은 미소와 목소리가 회상되는데 이제 이 세상에서는 다시 뵈올 수 없다는 사실에 울컥울컥 슬픔이 솟아오릅니다.

사랑하는 선생님. 선생님은 일신기독병원의 얼이요, 대모이며 대한민국의 모자母子건강 사업의 선구자이고 간호조산사들의 대스승이셨습니다. 1964년 9월에 조산교육을 받기 위하여 일신에 와서 처음 선생님을 뵈었을 때, 유창한 경상도 사투리로 병원 설립 목적과 운영방침을 설명하실 때 감탄과 경이, 존경 그 자체였습니다.

본 병원의 주 고객이 산부인과 중심의 여성임을 고려하여 대부분 직원이 거의 여성이었고 소수의 남자 직원은 오직 관리과 소속으로 배치하였음에 또 한 번 감탄했지요. 우리나라의 전통과 문화를 사랑하시는 선생님은 어떠한 상황에서도 이해와 칭찬과 배려와 격려를 해 주셨습니다.

'인자는 섬김을 받으러 온 것이 아니라 오히려 섬기려고 왔노라'는 성경 말씀을 좌우명으로 생활 속에서 실천하시며 그 본을 보여주시는 선생님을 더욱 존경하며 조산교육을 수료한 후에도 일신을 떠나지 못하고 직원으로 남아 계속 근무를 하게 되었지요.

선생님은 간호행정과 조산교육은 물론 병원 전체 살림의 운영과 진료의 현장까지 도맡아 동분서주하시는 그야말로 superwoman, 아니 일신의 홍길동이셨습니다. 외래 진료의 현장, 산실의 분만 현장, 신생아 관리 및 모자동실의 현장, 조산아 및 환아 입원실, 출혈과 경련 환자가 빈번하던 응급실 등 어디에서든 선생님의 손길이 미치지 않는 곳이 없었습니다. 야간에는 당직 근무를 하시면서 밤새워 수술환자를 돌보시고도 아침 예배시간에는 여느 때와 다름없이 단정한 모습으로 예배드리던 모습도 존경, 그 자체였습니다.

환자진료와 간호는 원리원칙을 준수하며 철저한 예방과 감염관리의 체제로 불필요한 검사나 약제 특히 항생제를 사용하지 않도록 하며 환자들의 어려운 처지를 헤아려 주셨습니다. 모든 분만은 가능한 한 자연 질식 분만을 시도하였고 철저하게 모유 수유를 실천하느라 직원들은 물론 산모와 아가도 참 힘들었지만 지나고 보니 모두가 자랑스러운 보람이었습니다.

병원 설립 당시부터 전 병동을 보호자 없는 병동으로 운영하였습니다. 면회는 1일 2회 1시간씩을 지키게 하느라 보호자들과 마찰도 많았습니다. 그러나 감염문제는 한 번도 발생하지 않은 것은 정말 감사하고 자랑스러웠습니다. 산모 퇴원은 산 후 혈압조절과 유방울혈 문제 해결, 신생아 황달증상 회복 후 퇴원하는 것을 원칙으로 보호자들과 싸움도 많이 하였지요. 입원비가 없다고 야반도주하는 환자도 많았었지요. 그러면 다음날 반드시 그 집에 찾아가 환자의 안전을 확인하도록 직원 아저씨를 보내셨지요. 무료 환자의 비중이 커지면서 입원실이 모자라 병실 복도에는 간이침대의 줄이 이어졌지요.

여성이 건강해야 건강한 아이를 출산할 수 있고 아이를 건강하게 양육해야 건강한 대한민국이 될 수 있다고 강조하시며 조산교육생들에게 실질적인 교육을 구체적으로 시키셨습니다. 강의 시간에는 주목해야 할 입원환자의 상태에 대하여 조목조목 질문하셨고 그 질문에 답하지 못하면 강의진도는 나갈 수가 없었지요. 저희는 질문받게 되는 것이 두려웠지만 그 준비로 환자상태와 의무기록을 완전히 파악하게 되었고 사용하는 약물 및 검사결과까지 다 확인하는 습관이 자연스레 들었지요. 임상근무 중에 가졌던 의문점을 저희가 먼저 질문하면 선생님은 무척 대견해하시며 자세히 설명해 주셨지요. 그렇게 임상과 이론을 겸한 교육은 실질적인 교육이 되었으며 수료 후 임상 현장이나 무의촌에 나가서도 당당하게 그 역할을 감당할 수 있었습니다.

일 년간의 조산교육을 마치고 떠나가는 수료생들에게 하시던 말씀, "우리가 할 수 있는 모든 것을 다 가르쳐 주었다. 이제 지역사회에 나가 모자건강을 위하여 힘써 일하여라. 특히 무의촌에 나가 임산부와 영 · 유아들의 건강관리를 담당하여라. 저들을 위하여 열심을 다 하여 헌신하고 응급 상황시에 도움의 손길이 멀 때에는 하나님께 기도하며 지혜롭게 최선을 다하여라. 그리고 어려운 일 있을 때는 언제든지 연락하여라."시며 당부와 격려하시던 그 말씀이 지금도 기억에 생생합니다.

직원들을 사랑하는 마음도 각별하셨습니다. 병원 설립 당시부터 전 직원들의 정년을 만 60세로 규정하였으며 기혼 여성도 계속 근무할 수 있는 제도를 적용하였으므로 진료를 받으러 온 자도, 진료하고 간호하는 직원도 임신으로 배가 부른 사람이 많았었지요. 그뿐만 아니라 어려운 형편으로 입원하였다가 퇴원한 자들에게는 미화부, 세탁실, 주방 등에 일자리를 마련해 주셨지요. 직원들의 식단도 전국에서 최고의 수준이었음을 우리는 지금도 자랑하고 있습니다. 편식으로 해물이나 고기를 못 먹는 직원에게는 여러 개의 계란을 챙겨

주셨지요. 그 계란마저 다 먹지 않고 아껴 두었다가 집으로 갖고 가 가족들의 영양을 챙겨주던 그런 시절이었습니다.

존경하는 선생님, 특별히 제게는 호주 유학의 길을 열어주셨고 호주에 처음 도착하여 공부를 시작할 때는 학부형이 된 어머니처럼 이것저것 자상하게 챙겨 주셨습니다. 선생님의 팔순 생신 때 저희의 재롱과 큰절을 받으시며 함빡 웃으시던 선생님의 모습도 생생합니다.

사랑하는 선생님, 일신과 한국을 사랑하시던 선생님의 얼과 가르치심을 마음에 깊이 간직하고 선생님의 생활을 본받아 열심을 다하며 일신을 지키겠습니다. 이제 차마 떨어지지 않는 무거운 발걸음이지만 선생님을 사랑하고 존경하는 저희 일신인들의 마음을 담은 짤막한 비문,

"Forever Honoured and Respected co-found of Ilsin Christian Hospital, Busan, Korea. Pioneer Educator of Korean Nurse & Midwives"

을 선생님의 묘비에 남기고 호주를 떠나갑니다.

선생님 사랑합니다. 존경합니다. 하늘나라에서 영원히 행복하소서.

2005. 2. 10.

2005. 부산간호지

김정읍 수필집

움직이는 벽

인 쇄 / 2012년 12월 14일
발 행 / 2012년 12월 20일

지 은 이 / 김 정 읍
발 행 인 / 서 정 환
발 행 처 / 수필과비평사

출판등록 / 1984년 8월 17일 제28호
주 소 / 서울시 종로구 익선동 30-6
운현신화타워 빌딩 2층 209호
전 화 / (02) 3675-5633, (063) 275-4000
팩 스 / (063) 274-3131
E - mail / essay321@hanmail.net

값 12,000원

ISBN 978-89-98524-00-5 03810